弗羅杭・柯立葉——著

陳蓁美、徐麗松——譯

Entre rêves de Cocagne et franches ripailles rabelaisiennes,
ce livre nous convie à un voyage en gourmandise à la recherche
d'un péché capital bien ambigu.

histoire d'un
péché capital

Gourmandise

饞

貪吃的歷史

Author

Florent
Quellier

Contents

序

　　不同於其他六大宗罪，「饞」（gourmandise）的概念一直是哲學、宗教學以及社會學喜愛依其程度多寡或適中與否進行脈絡化研究的對象，而弗羅杭・柯立葉這部傑出的作品正好指出這一點。由此觀之，貪饞的概念能夠微妙地勾勒出人類「既非天使亦非禽獸」的境況。處在現今肥胖症和厭食症各行其道而又同樣令人聞之色變的時代，回顧過去的歷史、重新檢視人類的觀念如何在充滿偏見的「永恆人性」概念影響下演繹成形，這樣的關照尤其有趣。中世紀的思想家經常不假辭色地抨擊貪食（gloutonnerie）行徑，十八世紀時若古騎士（Le chevalier Louis de Jaucourt）則對這個主題略感不安，因而語焉未詳，相當耐人尋味。他為《百科全書》（Encyclopédie）撰文闡釋「饞」一詞時，將其定義為「對美食細膩而無節制的喜好」。然而「細膩」和「無節制」真能和諧共處嗎？無論如何，這部作品中將一再出現「貪饞」和「性慾」這對令人尷尬的概念組合。口腹之欲能輕易地轉移成性慾，即便表面上話題僅止於食慾，其實關於性慾的指涉卻暗流湧動，這也是為何塔爾芒・德・黑歐（Tallement des Réaux，1619－1692）會如此描繪莎布蕾夫人（Madame de Sablé）：「自從篤信宗教後，她便成為世上數一數二的饕家了。」

　　除了披露路易十四和路易十六兩位國王與食物之間極其粗鄙的關係（後者尤甚），或蒙田為嘉拉法紅衣主教（Cardinal Caraffa）

的義大利主廚過分講究精緻美食而惱怒不已，柯立葉也精彩描述格里蒙・德・拉雷涅（Grimod de la Reynière）和布希亞－薩瓦蘭（Brillat-Savarin）如何把「饞」提升至藝術之列，將其視為社交禮儀與生活文化的最高境界。於是我們可以莞爾一笑地在格里蒙完成於十九世紀初年、長達八冊的《饕客年鑑》（*Almanach des Gourmands*）中讀到一種普遍存在於當今布爾喬亞階級和布波族[1]的惱人心態：老愛宣稱哪裡吃得到最美味的生蠔、哪裡買得到頂級醇釀和乳酪云云，而且這類自以為是的論調經常夾雜著鄙視女性的立場。今天的「美食優越主義者」對女性是否比較友善？或許。但千百年來，女性早已被化約為不知節制的甜食主義者，與兒童的喜好相當類似，而兒童向來被認為是尚未完整成形的存在體。

　　是的，女性仍需努力。弗羅杭・柯立葉舉出一些電視廣告的例子，說明女性如何放縱肉慾，超越關於貪饞的既定禁忌，例如我們可以看到優格廣告影片中的女人以撩人姿態大啖優格時，帶著曖昧口吻說：「這樣吃簡直傷風敗俗！」這樣的台詞或許不失幽默，不過卻帶有明顯的性別色彩。另一方面，作者甚為推崇讓－呂克・伯蒂雷諾（Jean-Luc Petitrenaud）的美食熱情與對風土的依戀，認為

---

[1] 布波族即 bobo，是「布爾喬亞」（bourgeois）和「波希米亞」（bohemian）二詞合併組成的字眼，意指兼具布爾喬亞及波西米亞（吉普賽）性格的人，一種自視為瀟灑不羈而又忙於追求中產階級式的成功與小確幸的都會雅痞。這個詞首先由美國《紐約時報》記者大衛・布魯克斯（David Brooks）在西元二〇〇〇年的著作《BOBO 族——新社會精英的崛起》（*Bobos in Paradise: The New Upper Class and How They Got There*）中所提出，意指一個在布爾喬亞資產階級與波西米亞叛逆嬉皮當中演化而成的高學歷精英族群，並創造「布波」這個新詞形容這個有一定文化品味的精英族群。

伯蒂雷諾懂得以細膩的方式闡揚美食文化，完全不流於高高在上的附庸風雅。

當我還在學校教書的時候，我很喜歡帶著國一生閱讀一首名為《巴巴和餅乾》（*Le Baba et les Gâteaux secs*）[2]的小詩，但直到退休那天我才知道這首詩其實出自法蘭克‧諾安（Franc Nohain，1872－1934）的寓言集。故事描寫醉醺醺的「巴巴」大剌剌地浸泡在又香又甜的蘭姆酒中，而餅乾卻在一旁咬牙切齒地數落這個沉迷酒鄉的醉鬼。作者讓這兩種甜點你來我往地拌嘴，這個橋段妙語如珠，蘊含貪饞與人生的譬喻。最精彩的時刻往往不在朗誦詩詞本身，而在闡釋過內容後的集體討論。學生們經常無法打定主意，不知該做百分百的「巴巴」還是百分百的餅乾。記得有一次正當全班辯論得如火如荼的時候，一位身材渾圓的學生尼古拉神情激動地跳出來說：「老師，我想我至少是百分之七十的巴巴！」我對他能提出如此精準的比例深表敬佩。

菲利普‧德雷姆　（Philippe Delerme）

---

[2] 法文「巴巴」原指一種以櫻桃白蘭地或蘭姆酒浸漬過的葡萄乾蛋糕，吃起來特別濕潤順口，與乾硬的餅乾大異其趣，而這首小詩即以「巴巴」和「餅乾」為主要人物，「巴巴」是個放縱無度的酒鬼，有個吸收力超強的海綿肚，而乾巴巴的餅乾安於嚴謹節制的生活，命運卻跟馬上被吃下肚的「巴巴」不同，常被閒置數月無人聞問。

導言

關於 「gourmandise」（饞）一詞

「我翻開詞典想查閱『gourmandise』這個詞，卻對找到的定義不甚滿意，它只提供狹義的解釋，使人聯想到「饕餮」和「貪吃」。我因此得到一個結論，詞典編纂家儘管受人景仰，卻不如那些可愛的博學者那般，懂得一邊神情優雅、津津有味地享用淋了濃郁醬汁的山鷸翅，一邊翹著小拇指舉杯啜飲拉斐特或梧玖莊園的紅酒。」

布希亞－薩瓦蘭，《味覺生理學》（*Physiologie du goût*，1826 年），〈冥思十一——關於饞〉（*Méditation XI, De la gourmandise*）。

雖然直到中世紀末「gourmandise」一詞才出現在文獻記載上（法國約西元一四〇年，英國約西元一四五〇年），不過它的歷史其實更為悠久，能追溯到西元三至四世紀基督教興起未久時的東方修會。「gourmandise」一詞雖然流傳至今，不過它的涵義隨著時代演進歷經多次變動。

《伊甸園》，原罪以及亞當與夏娃被逐出天堂的場景，摘自《貝利公爵的華麗時代》（ *Très Riches Heures du Duc de Berry* ），十五世紀。

「glouton」（饕餮）、「gourmet」（講究美食）、「gourmand」（貪嘴）代表了「gourmandise」這個概念的三種不同解釋。在西方，「gourmandise」具有三個涵義，且大致呼應三個時代。最古老的涵義指的是暴飲暴食，拉伯雷（François Rabelais）《巨人傳》（*Gargantua*，1535年）裡形形色色的大吃大喝即為代表。書中「gourmandise」一詞極為負面，代表一種可怕的缺點。拉丁文的「gula」（喉嚨）一字衍生出西班牙文的「gula」、「goloso」和「solosoria」，義大利文的「gola」，和葡萄牙文的「gula」、「guloseima」和「gulodice」等，意思都指「gourmandise」，而這是中世紀基督教明文規定的七宗罪之一。隨著時代演進，「gourmandise」發展出第二個傾向正面的涵義，十七至十八世紀期間在法國大行其道，歐洲其他地區的語言旋即吸收法文的「gourmet」（美食愛好者、美食主義者）一詞。英國人一度偏愛「epicure」[1]甚於「gourmet」，直到法國出現美食論述後，才在一八二〇年正式接受「gourmet」一詞。至此，「gourmandise」有了率真、貪嘴、講究美食的特質，「好的gourmandise行為」成為喜愛佳餚、美酒和餐桌良伴的代名詞。不過「glouton」依然是常見的行為，貪食者繼續遭受教會與衛道人士的譴責，社會大眾將之視為未受教育、醜陋汙穢、狼吞虎嚥的餓鬼。後來「gourmandise」的語意具象化並出現複數形式，成為「friandises」（精緻美點）的同義詞，讓人聯想到男士以精美小點獻殷勤、淑女嬌嗔地品嚐、在正餐

---

[1] epicure 指懂得享口福之人，gourmet 指精於辨賞的美食主義者。

以外享用美點等意象。這個詞原本是指鹹點，到了十八、十九世紀甜食的地位穩固後，則成為精美甜品的同義詞，而在當時性別角色高度區分的世界中，甜食被視為女人和小孩的專利，男人則應該大嗑佳餚美酒。「gourmandise」一詞越來越女性化和幼稚化，尤其幼稚化的意涵更促使這個字的身價大跌，於是這個可怕的宗罪又變成那些被認為不成熟的人天生的缺陷。

十九世紀初陸續出現「gastronomie」（美食學）（1801年）和「gastronome」（美食家）（1802年）等新詞彙，並迅速被其他歐洲語系所採納。這些詞彙沒有宗教涵義的包袱以及性愛方面的暗示，加上源自希臘文，因此顯得極為科學，不像「gourmandise」充滿曖昧性，因此，gastronomie一詞很可能取代了gourmandise比較高貴的那個詞意部分，造成後者的身價逐漸減損，只能保留貶意成分。「gastronomie」（美食學）其實是一位名叫喬瑟夫・貝舒（Joseph Berchoux，1775－1838）的律師於一八〇一年發表新詩時，結合希臘文的gastro（胃）和nomos（規則）創出的新詞，「gastronomie」意謂吃得好的藝術，而「gastronome」意指佳餚的愛好者。「nomos」這個充滿學術性的字根不僅投射出「有節制」，亦即「合理的熱情」之意，也足以象徵舉止得宜。換言之，沒人可以拿「gastronomie」這個高深概念開玩笑。

「glouton」指一種毛病和放蕩行為，「gourmand」為本能而原始的生活樂趣，「gastronomie」則意味嚴謹的訓練和教育。這段在一千七百多年前發源於地中海以東的沙漠地區的歷史是否就此畫下句點？自十八世紀起，社會經濟明顯地從貧窮走向富庶，再加

上基督教會勢力逐漸式微,「gourmandise」(饞)的概念不可避免地與時俱進,獲得新的定義。但是我們是否能由此推斷現代西方社會不再為了大啖佳餚而心生罪惡感?未必,因為現代世俗社會崇拜年輕、緊實、修長的肉體,為貪食即是罪孽的觀念賦予了新意。然而,儘管西方醫學論述來勢洶洶地捲土重來,並操著道學家的口吻抨擊營養過剩的族群,「gourmandise」卻並未因此俯首稱臣。近年來gourmandise的概念在文化資產與身分認同方面的價值獲得肯定,再加上結合樂天派老饕、熱愛風土的美食主義者和菁英主義美食學家等多元特質的新形態美食家出現,這些現象都促成「gourmandise」的社會合法性重新獲得確保。

歷史學家「一如傳說中的食人魔,只要聞到人肉味,便知野味在哪裡」。就讓我們以法國史學家馬克·布洛克(Marc Bloch)《為史學辯護》(*Apologie pour l'histoire*,1949年)中的名言做為明燈,共同探索「gourmandise」的奧妙世界。

GOLA

PEGRITIA

《貪饞者、懶惰者、淫慾者在地獄裡的酷刑》，義大利宗教書插圖，十五世紀。

Chapter 1

中世紀
狼吞虎嚥的暴食文化

一名修士離開修道院來到鎮上，央求客棧老闆給他肉吃，老闆回說肉還在煨煮，修士說：「快把肉插在鐵叉上烤吧！」當店主正準備烤肉串時，猴急的修士切下一塊肉丟進炭火中，接著他拾起滾燙的肉塊並塞進口中，卻突然暴斃身亡，死因是狼吞虎嚥。

奧東·德·克魯尼（Odon de Cluny），《齋戒簡餐》（Collationes），九一七一九二七年。

法王查理六世（1368－1422）於一三八九年五月假聖德尼皇家修道院[1]舉行盛大宴席，但由於新婚的國王王后及賓客年輕氣盛又不忌禮俗，狂飲暴食、歌舞嬉戲，場面淪為縱情聲色的狂歡會，根據歷史學家朱爾·米榭雷（Jules Michelet，1798－1874）的說法是「像酒神般在墳墓邊狂歡」。包括高階教士在內的眾賓客雖已酒足飯飽，卻不惜嘔吐酒菜以便繼續吃喝。

　　「我奉勸……後代子孫應避免諸如此類的縱慾狂歡；恕我直言，領主們日夜不分，大吃大喝，爛醉如泥後恣情縱慾，有些人甚至不顧國王顏面，做出違悖倫常的淫亂行為，使神聖的修道院蒙羞。」聖德尼修道院修士米歇爾·潘東安（Michel Pintoin）在其所著的《查理六世史》（*Chronique de Charles VI*，1380－1420）中寫了這段話。

　　當時的編年史學家極力譴責這件醜聞，主要基於下列三個理由：汙衊皇家的尊嚴、玷汙神聖的場所、汙辱聖德尼修道院對卡佩

---

[1] 聖德尼修道院大教堂堪稱法國王室陵墓，而在卡佩王朝（987－1328）時期曾重新建造皇家墓地。

王朝有特殊紀念性的地方，尤有甚者，堂堂一國之君竟會淪入暴食（Gula）和色慾（Luxuria）這對出雙入對的邪惡姊妹花的魔掌。誠然，這段評論是從修士的立場看待在俗教徒，然而聖德尼皇家宴這段插曲卻也揭露了十四、十五世紀法蘭西皇室面臨的嚴重道德危機。在此之前三十年，法國貴族騎士團在普瓦提埃戰役（1356年）潰敗，「貪饞」不就已經成為眾矢之的，得為貴族戰鬥力的衰退負責嗎？

暴食，七宗罪之一

暴食（gula）一詞源於拉丁文的「喉嚨」，教會以此一詞語代表貪饞宗罪。在基督教歷史上，這個罪孽具有非常特殊的地理人文背景，和一群沙漠教士有關，也就是最早在埃及沙漠創立修院的隱修士。他們為了不讓靈魂受到牽絆而無法上升走向神，於是力行苦行僧的生活。約西元三六五年，本都[2]人艾瓦格（Evagre le Pontique）修士制定八大罪孽或邪念，要求修士引以為戒，抵禦魔鬼藉此引誘他們墮落。「貪饞」由於與齋戒和禁食反其道而行，被列為第一誘惑，色慾居次，暴食和色慾這對地獄拍檔於是正式誕生，而且將橫行千秋萬世。八大罪孽依序為貪饞、色慾、貪婪、憂鬱、憤怒、懶惰、虛榮以及驕傲，這些罪愆從肉體層次逐漸演進到精神層次，不僅顯示等級的不同（由較輕的罪愆開始，越形嚴重，

---

[2] 本都（Pontus）是黑海東南沿岸地區的古代稱呼，被希臘東正教納入宣教範圍。

終以驕傲作結），也顯示一個連鎖過程；貪饞會引發其他罪愆。因此，修道院的規範尤其注重禁止暴食，認為應該長年抑制食物的攝取，只要能供應身體基本需求，足以維持生命同時讓身體履行應盡的義務即可，修道院會明確列出每天攝取的食物和飲品的分量和好處，並訂出進食的時間，此外更訂出一套帶有齋戒色彩的禁食制度：

「齋戒無非象徵著天堂的本質和意象；齋戒是靈魂的養料，也是心靈的糧食，它是天使的生命，是錯誤的消弭，能將負債一筆勾銷，是獲得救贖的良方，是福澤的根源和純潔的基礎。透過齋戒，我們能儘早到達神的身邊。」（米蘭主教安波羅修〔Ambroise de Milan〕，四世紀）

西元四二〇年左右，讓・卡西安（Jean Cassien）修士採納這八項罪孽並將之傳播到西方修道院。到了六世紀末，教宗額我略一世（Grégoire le Grand）在他所著的《約伯記道德評論》（*Commentaire moral du livre de Job*）中重新調整八大罪孽的順序並修改成七宗罪。額我略一世將宗罪次序改成從重漸輕，把對溺愛自己的驕傲置於首位，貪饞放在倒數第二位，也就是在色慾之前，從而確立了虛榮、嫉妒、憤怒、憂鬱、貪婪、貪饞與色慾的七宗罪。額我略一世根據中世紀的道德文化基礎得出這套結果，自十三世紀起，甫成立的托缽、多明我、方濟各等修會教化信徒的七宗罪即以此為濫觴。西元一二一五年第四次拉特朗公會議（concile de Latran IV）規定信徒必須每年做一次告解，而告解的內容以是否觸犯七宗罪為主，但七宗罪的順序又稍獲更動，貪饞改成排行第五，在驕傲、貪婪、

色慾、憤怒之後，而在嫉妒和懶惰之前，此一形式一直延用至今。

貪饞，雖屬輕罪但能引起嚴重後果

　　教會指的貪饞罪有何涵義？教宗額我略一世以為貪饞具備下列特質：正餐之外額外進食或提前進餐時間；不顧生理所需飲食過量（攝取超過必需的分量）；料理方式過於追求精緻（過於豐盛）；食材昂貴；珍饈美饌（過於稀罕）等。儘管上述闡釋明顯受到修道院的影響，尤其是對提前進餐時間的譴責，然而貪饞這項罪孽從修道界跨足到世俗界，定義也跟著產生變化。因為不再主張貪饞違反「適可而止」（【拉】mediocritas）的理想，或跟禁食和苦修的理念南轅北轍，貪饞罪有史以來第一次有趨於緩和的跡象，不過，因為無法將飲食的愉悅和生理需求劃清界線，使得它一直保有曖昧的一面，甚至有越演越烈之勢。

　　中世紀的神學家並不特別強調貪饞這個罪愆本身，甚至認為貪饞實屬輕罪，他們主要是著眼在貪饞導致的危險後果。教宗額我略一世認為嬉笑、猥褻、失去純真、饒舌、感官退化等是暴食的五個邪惡女兒。暴食者最受譴責的是酒醉後在言語和生理上的失控現象，譬如做出猥褻和滑稽可笑的動作或唱低俗的歌曲、出言不遜甚至褻瀆神明、喋喋不休、腦筋癡呆、莫名其妙地傻笑等。口舌之禍部分起因於暴食，也跟憤怒、嫉妒、色慾息息相關。修道院規定進食時必須保持沉默，並以大聲朗誦《聖經》篇章取代席間交談，其實是想提醒食客靈魂糧食比身體糧食更重要，而聽覺比味覺更高

貪饞晉升為宗罪，並被視為會引發其他更嚴重的宗罪。

尚，因此應該避免大開食戒後便口沒遮攔起來。嘴巴是身體洞開的門戶，極易受到惡魔的侵襲，也是言語和食物交會的十字路口。

貪饞晉升為宗罪，並被視為會引發其他更嚴重，甚至足以致死的宗罪，像是引起感官興奮而犯色慾罪，縱酒暴食，尤其吃太多肉和辛香醬汁，更容易造成生理與心理上的亢奮。在《皮耶·普羅曼的幻覺》（*Vision de Piers Plowman*，十四世紀）裡，誘惑者帶著辛香料在通往教堂的路上等待貪食的人經過。另外神學家讓·德·傑松（Jean de Gerson，1363－1429）訓示聽眾時，以一個天性好色的男人為例，說他吃了辛辣的菜餚隨即犯下姦淫之罪，舌頭鬆了，身體相互撫觸，道德感也搖搖欲墜。而酒醉是貪饞變本加厲的形式，容易引起糾紛，導致暴力甚至凶殺，使人淫聲穢語甚至褻瀆神明，蠱惑人愛撫觸摸，以致與配偶以外的人通姦或發生非以生殖為目的的性行為。貪饞是引起社會墮落和混亂的潛在根源，因為吃得比生理需求更多，或吃得比社會地位所允許的更豐盛，貪食者動搖了神所創立、理應恆常不變的社會根本。

「gula」有邪惡、骯髒、不合群之意，極具貶義，從中世紀司法文獻和文學中出現的侮辱性用語看來，「貪吃」（glouton）和它的衍生詞（gloz、glot、glou）都有「狼吞虎嚥」的涵義，同時也有「墮落」和「淫蕩」的意味，多少帶有色慾的意思。「貪吃」也有貪婪和貪得無厭的涵義，如果以其陰性形式辱罵女性，這個詞彙更強化貪得無厭的胃口和放縱無度的性慾之間的關聯。叫一位婦女「gloutonne」或「gloute」（貪食婦）與叫她「妓女」無異。「Folla putana glota, tu eris cremata／淫蕩瘋狂的妓女，妳將被燒死！」一二

叫一位婦女「gloutonne」或「gloute」（貪食婦）與叫她「妓女」無異。

畫家不詳，《地獄》（*L'Enfer*）局部，十六世紀，威尼斯總督宮（Palais des Doges）。

六〇年五月三十一日，南法蒙諾斯克（Manosque）一位法官在判決書上如此斥責一位婦女；一四〇四年時則有一位住在第戎（Dijon）的母親氣惱女兒整天跟損友廝混，在二月某一天對剛回到家的女兒說：「妳又去了哪裡了，騷貨（gloute）？」friand（愛吃）一字雖不常用，但也能當成罵人的話（「愛吃鬼」），而且語意顯然和性有關。「貪吃」（glouton）和「愛吃」之所以惡名昭彰，其實不脫暴食與色慾難解難分的關係，而這也顯示出到了中世紀末期，不僅神職人員，連一般民眾也將暴食、色慾相提並論，腹部和腹部以下之間關係密切，恰好印證「飽暖思淫慾」這句俗話。

gula 是一種原罪嗎？

貪饞罪以《聖經》哪些篇章做為根據呢？其實《聖經》不曾出現七宗罪名單，而十誡完全漠視貪饞這個概念，馬太福音也振振有詞地宣稱：「汙蔑人的並非由口而入的東西，而是由口而出的東西。」（《馬太福音》十五章十一節）。不過《舊約全書》有許多段落早在基督教發展初期即被認定和貪饞罪有關聯。以掃為了一碗扁豆湯而出賣長子繼承權，即充分顯現出他對食物毫無理性的慾望，況且扁豆湯是很粗鄙的菜餚。諾亞的淫舞狂歡導致兒子閃的後代子孫不幸，而羅德與女兒亂倫、奧羅菲納的死都引起世人對酒醉的譴責[3]。以色列人民在前往希望之鄉的途中，當他們開始希望得到比神賜的嗎哪更為美味的食物時，便不知不覺地崇拜偶像了，而這個段落斥責貪食為對腹部的偶像崇拜；還有，施洗者

約翰在一場盛宴中被希律王處死……聖經斥責貪饞的段落不勝枚舉，此外，原罪也可以歸咎於貪食。

天堂篇裡，善於誘惑的蛇問夏娃：

「『神說：你們不會吃花園任何樹木嗎？』女人跟蛇說：『我們能吃花園樹木的果實，不過對於那棵長在花園中央的樹木所結出的果實，神說過：你們不能吃它們，也不能碰它們，不然你們會被判死刑。』蛇回答女人：『才不！你們不會死！不過神知道你們吃了果實後，眼睛會張開，你們便會像神一樣能分辨善惡。』女人覺得那棵樹看起來既美味又誘人，而獲得分辨能力這件事也很吸引人，於是她採了樹上的果實並吃了起來，同時分送給一旁的丈夫，後者也吃了果實。」（創世紀3：1－7）。

奧古斯丁（Augustin）以外的所有中世紀神學家都認為，原罪不能只簡化為驕傲罪和叛逆罪，也和貪饞有關。四世紀時米蘭主教和教會之父安波羅修在他的創世史中寫道：「一旦引進食物，世界末日便開始了」，人類因為貪饞而被「逐出天堂，而人類原本在天堂裡過得好端端的」。請聽十三世紀一名傳教士蕭伯漢（Thomas de Chobham）的訓示：「貪饞是一種可惡的罪過，因為第一個人類的墮落是由於犯了貪饞罪，其實就像許多人說的，雖然首罪是驕傲罪，但是如果亞當沒有再犯下貪食罪，他鐵定不會被處罰，其他人

貪食不僅是原罪的起因，也會引起色慾，誘人犯下萬劫不復的罪過。

---

³ 根據舊約聖經，虔誠的猶太遺孀茱迪斯外形美豔，有一次酒宴中，她偷偷潛入敵軍亞述人的陣營，假裝被指揮官奧羅菲納（Holopherne）迷倒，當她在帳篷內向奧羅菲納示愛時，出其不意地砍下他的腦袋，然後在一名女僕的協助下順利逃脫，進而幫助以色列人打敗群龍無首的亞述人。

類也不會受到牽連。」貪饞不僅是原罪的起因，也會引起色慾，誘人犯下萬劫不復的罪過。讓我們回來看天堂篇，當亞當和夏娃吃下果實，他們便「知道自己全身赤裸，於是用無花果葉縫成纏腰布並穿起來。」（《創世紀》3：7）從讓・卡西安修士（Jean Cassien，五世紀）留下的文獻資料看來，這兩種縱慾罪關係緊密，飲食過量會不可避免地引起色慾。此外，教宗額我略一世以解剖學般的觀點指出：「在人體器官的配置上，生殖器官位於腹部下方，這也是為什麼腹部塞滿太多食物時，生殖器官會開始性致勃勃。」繪畫裡誘人的夏娃再度將貪饞與色慾連接起來，等著被吃的蘋果結實渾圓，教人不得不聯想到模特兒裸露的乳房。拉丁文的 carne 一詞遊走在暴食和色慾之間，既指肉慾又指肉，充滿曖昧性。

若以強調《舊約全書》和《新約全書》兩者之間相關性的古典觀點詮釋，《新約全書》有些段落也可以證明貪饞確實和色慾結成連理，而且在原罪裡扮演重要角色。約翰在第一封信札中寫道：「世上的一切──肉體的慾望，雙眼的慾望，以及因為擁有財富而驕矜得意，並非來自天父而是來自世界。」（《約翰一書》2：16）這句話被公認與七宗罪有關，而首先提到的「肉慾」令人聯想到暴食─色慾這對拍檔，也因此想到原罪。此外，在沙漠禁食四十天而飽受饑餓的耶穌先後三次受到魔鬼誘惑，首先，他拒絕了食物的誘惑。「過來，」魔鬼說，「如果你真是神之子，說這些石頭會變成麵包。」然而耶穌回答：「神寫道：『人賴以為生的不只是麵包，還有從神口中說出的話。』」（《馬太福音》4：3－4）保羅在寫給腓立比人的書信裡指出，那些「把肚子視為神」而且「只喜歡土地上的東

老盧卡斯·克拉納赫（Lucas Cranach），《夏娃與原罪》（*Ève et le péché originel*），約一五二六年，佛羅倫斯烏菲茲美術館。

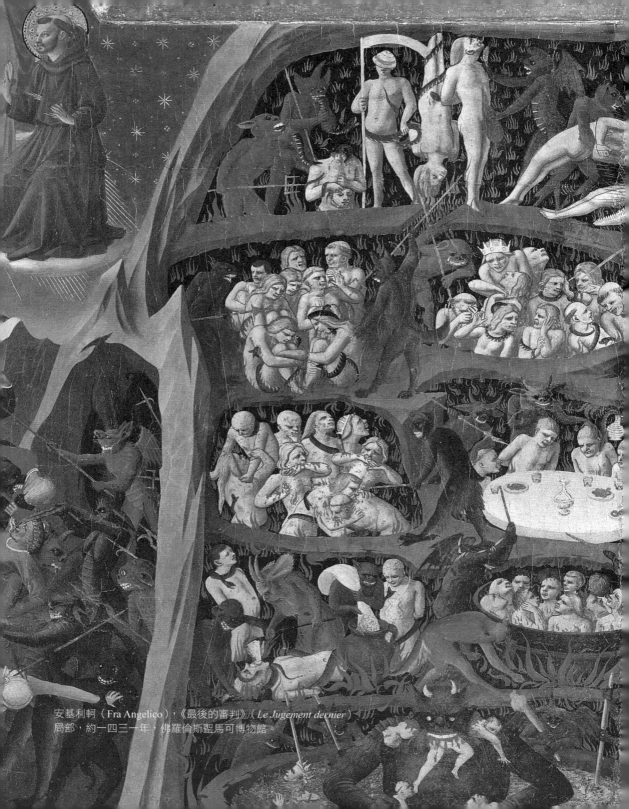

安基利軻（Fra Angelico），《最後的審判》（*Le Jugement dernier*）局部，約一四三一年，佛羅倫斯聖馬可博物館。

西」（《腓立比書》3：19）的人終將淪亡。中世紀的神學家和傳教士透過這些例子發現，《創世紀》確實可以從貪食和原罪密不可分的觀點加以詮釋。也因此，宗教畫的地獄常出現火燄、密閉空間且煙霧裊繞，似乎從烹飪的世界汲取不少靈感，並透過貌似野獸的魔鬼張大嘴巴吞下罪人來代表黑暗世界的大門，這些都絕非巧合。人因為貪食而犯下原罪，即便描繪地獄的圖像也少不了它。

貪食的醜陋圖像

中世紀的聖經手抄本、壁畫以及教堂雕飾經常出現貪食的圖像，貪饞罪最常以大腹便便的貪食者坐在餐桌上吃肉喝酒來表現，因為這樣最為淺顯易懂。十五世紀的聖經手抄本或宗教建築的壁畫裡，經常出現七宗罪被銬在一起的罪孽遊行隊圖像，其中有個肚子渾圓的胖子一手執酒壺一手拿肉，有時騎狼有時騎豬，而中世紀動物寓言故事裡，狼和豬都是暴食的象徵。在讓・德・傑松的作品裡，熊也有暴食意味。英國最著名的暴食繪畫（位於十五世紀的諾里奇〔Norwich〕大教堂）讓貪吃鬼騎在母豬背上，而貪吃鬼手裡拿的不是一壺葡萄酒而是兩杯啤酒，顯示了西方罪孽遊行隊的圖像會入境隨俗產生變化，這麼做也是為了更容易打動信眾。

中世紀最後兩百年間，我們能透過當時繪畫詳細描繪下地獄的人所遭受的懲罰看出怎麼處罰宗罪。十四至十五世紀的義大利壁畫常讓貪食者遭受「坦塔羅斯酷刑」。坦塔羅斯是希臘神話人物，因為偷了天神的食物而被處罰永遠活在結實累累的果樹下卻飽受饑渴

的煎熬。布法瑪科（Buonamico Buffalmaco，1330－1340）繪於比薩的地獄，或巴托羅（Taddeo di Bartolo，1393－1413）繪於托斯卡尼聖吉米納諾（San Gimignano）的地獄裡，都出現許多貪食的人，男女皆有，他們圍繞著一張餐桌而坐，桌上擺滿烤家禽等當時被認為最珍奇美味的肉類，以及清爽順口的葡萄酒，不過魔鬼只准他們看卻不准他們品嚐。這兒貪食者擠成一堆，餓虎撲羊似地衝向魔鬼拿在手上的烤肉串，那兒貪食者被迫吞食魔鬼的糞便。男男女女的貪食者嘴裡不時冒出青蛇，即代表了口腹之罪。

法國阿爾比（Albi）大教堂壁畫雖以十五世紀末的版畫《牧羊人曆書》（Calendrier des bergers）為雛型，內容卻和義大利壁畫的坦塔羅斯所受的酷刑大異其趣。畫中貪食者團團圍著擺滿噁心菜餚的餐桌而坐，以令人作嘔的癩蛤蟆取代讓人垂涎三尺的家禽肉，而魔鬼還逼他們吃下去。佛蘭德斯畫家波希（Jérôme Bosch）的作品《七宗罪》（約1475－1480）也出現相同的手法：一個正在進食的貪食者被迫吞下一隻癩蛤蟆、一條蛇和一隻蜥蜴，而且還是活的！在中世紀動物寓言故事裡，蚯蚓也是折磨貪食者的噁心食物。而躲在漆黑潮濕處的癩蛤蟆則是中世紀人所能想像得出最醜陋的生物，十三世紀起，托缽修會利用癩蛤蟆教育信眾避免貪饞，它既是貪食罪的象徵，也代表處罰犯罪者的方式。許多教化人心、譴責飲食過度的故事裡，癩蛤蟆從一隻準備為早已酒足飯飽的賓客下鍋的肥母雞肚子迸出來，或者酒鬼的酒杯裡裝的不是葡萄酒而是癩蛤蟆，或者癩蛤蟆把一位善於囤積穀糧、貪得無厭的貪食者吞進肚子裡……貪食者也可能被魔鬼直接吞進嘴裡，或被惡廚丟進濃煙四溢的鍋

子裡烹煮，或被猞拜羅支配──猞拜羅是但丁《神曲》（約1307－1321）裡那條長了利爪和三個凶狠狗頭的大胖蟲。

富貴權勢者的專屬罪孽

　　這些圖像都可怕至極，能有效教育信眾貪饞罪的要義以及它所引發的危險。它們應該足以讓信眾清楚認出所犯的罪過、說得出罪名並且有效據以懺悔。對於歷史學家來說，這些圖像給了貪食一個與時俱進又珍貴的定義。中世紀時期表現貪饞者的繪畫並不特別譴責某個性別，因為無論男女都可能犯下暴食罪，不過卻經常描繪某種社會階層的人物，譬如巴托羅為聖吉米納諾大教堂畫的胖修士和胖雇傭兵，或是達摩德納（Giovanni da Modena）在波隆那畫一位紅衣主教撲向一隻烤雞時被魔鬼的角刺瞎眼睛。《神曲》裡則有一群流離失所的貪食者，其中有貴族、宮廷大臣、資產階級、紅衣主

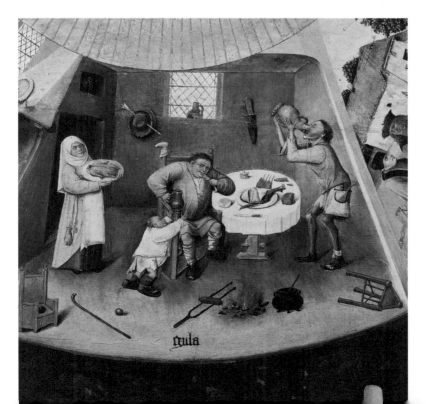

波希（Jérôme Bosch），《七宗罪》（ Les Sept Péchés capitaux ）局部，〈暴食罪〉（ Péché de Gula ），十五世紀末，馬德里普拉多博物館。

教甚至教宗馬汀四世，他們都被「處以禁食」，以洗滌他們過量食用的「博爾賽納湖鰻魚和維爾納希酒」（《神曲》的〈煉獄〉，第二十四章，23－24）的罪孽。

貪饞被描繪成有錢有勢者的專屬罪孽，卻很容易引發兩種更嚴重的宗罪：一是因為吃得太豐盛或太鋪張而犯下的驕傲罪，二是貪婪罪，如路加描述的壞富人和窮拉撒路的寓言故事（《路加福音》第十六章，19－31）。貪饞者窮凶惡極地撲向食物的模樣有如貪婪者衝向財富的景象，貪饞者和貪婪者笑貧不笑娼，而耶穌正是窮人的最佳寫照；他們漠視基督教推崇的樂善好施以及樂於與人分享的精神。中世紀後期的作家特別同情窮人的困境，這些窮人因為富人把錢都花在鋪張浪費的餐桌上而得不到施捨。「一個貪饞者光一天吃掉的錢便足以填飽許多人的肚子。」十三世紀的多明我會傳教士波旁（Etienne de Bourbon）指出。而擔任法王菲利普三世懺悔神父的羅翰斯（Lorens）修士則譴責貪食者「把足以讓一百個窮人果腹的錢用在滿足一己的口腹之欲上。」（《罪惡與美德概論》（*Somme des vices et vertus*），1279年）十五世紀末阿圖瓦教士艾羅瓦·達梅瓦爾（Eloy d'Amerval）痛心說道：「他們活得並不比那些惡富人更長或更短。」的確，在中世紀末的天主救贖計劃（捐獻教會的

法國宗教書插圖，十三世紀，描繪壞富人和窮拉撒路的寓言故事，倫敦大英圖書館。「一位富人身穿大紅袍和細麻服，每天山珍海味，有一位全身潰爛、名叫拉薩路的窮人，每天苦守在富人家門口，巴望著富人餐桌上能掉下一點糧食果腹……」

經濟模式）中，人和金錢的關係變得越來越脆弱[4]，即便勞動價值也因為貪饞者浪費他人的勞力而被摧毀。

鋪張的宴席上取之不竭用之不盡的食物與飲料、肥胖的貪食者、受刑者被迫不斷進食、坦塔羅斯永無止盡的酷刑，這些例子充分說明貪饞宗罪衍生自酒肉飲用無度、貪婪不知節制、流連忘返酒席等行為。然而，鋪張浪費的餐桌上最高級珍貴的肉餡——燒烤雞鴨或其他肉類——以及串烤「豬肝丸子」（這道菜常為筵席拉開序幕，刺激賓客的食慾，另外搭配最尊貴的飲料——葡萄酒），在在顯示出對當時的人來說，「gula」也意味著藉由菜餡的品質追求精緻美食的樂趣。中世紀神學家認為，貪食者（法文為glouton，拉丁字為voracissimus）的拉丁原型，不就是古羅馬人阿比修斯（Apicius），那位餵鵝吃無花果以便養出肥大鵝肝，並在紅鶴的舌頭上淋上濃醇醬汁的著名美食家嗎？

對於節慾的歌功頌德

中世紀的《太子寶鑑》（*Les Miroirs des princes*）這類文獻極力勸誡王公貴族不要被美食誘惑，以免導致悲慘的下場。暴食是淫蕩的象徵，也變成暴君的特質，薄伽丘筆下的亞述軍統帥沙達納巴路（Sardanapallus）（《名人軼事》〔*De Casibus*，1355－1360〕）或是教士皮耶‧艾利（Pierre D'Ailly）的詩歌〈暴君的人生真悲慘〉

---

[4] 天主救贖計劃是天主教的一種說法，和神的重生、救贖有關。

（*Combien est misérable la vie du tyran*，1398－1402）都是佳例。《佛維爾的傳奇故事》（*Le Roman de Fauvel*）同名主角佛維爾是惡棍的典型也是壞王子的代表，在一場狂飲爛醉、荒淫無度、傷風敗俗的喜宴中和虛幻的榮華富貴締結盟約，賓客狼吞虎嚥邪惡的菜餚——「違反自然之罪」的油炸食物和「裹著嫉妒之罪」的糖果——喜宴隨之演變成縱慾狂歡會。暴君難以滿足的食慾卻也讓他自私、無理、貪婪、戀權、縱情聲色、講究奢華等本性昭然若揭，因為放縱口腹之欲而促使宮廷變成各種罪惡的淵藪；諂媚、色慾、誹謗、背叛等都競相爭取他的青睞，而堂堂一國之君勢必淪落淒涼的下場。令人鄙夷的暴君完全受制於感官肉慾，借用保羅的說法是「把肚子視為神」，因此暴君是耶穌的敵人，而暴食是暴君邪惡的印記。

餐桌絕非無可避免地讓人墮落，它也可以是啟迪人心和提升人性的地方。

　　餐桌絕非無可避免地讓人墮落，它也可以是啟迪人心和提升人性的地方，而這不正是出現在各個宗教場所餐廳裡的耶穌用餐繪畫所要傳達的基本概念嗎？此外，基督聖徒列傳的故事經常強調節制食慾的美德，聖路易便提供了絕佳的典範。根據他冊封為聖人的生平事蹟，路易九世（1214－1270）力行粗茶淡飯，值得讚賞。雖然路易九世的飲食方式比世俗人士所遵守的規定更嚴峻，試圖遵從托缽修會的飲食戒律，不過他在參加王公貴侯的饗宴時，會顧及自己的身分和義務，而且他也知道要考量自己的身體狀況。由於節制酒量，他會在酒中攙水，由於口味清淡，他也會在佐烤肉的辛香醬汁或在美味的濃湯裡加水。他拒吃烤肉串，雖然這道佳餚令王公貴族趨之若鶩，而他也不例外；不僅如此，他還請人將烤肉串施捨窮人，自己則吃與他地位不符的粗菜，譬如青豆，或他並不喜愛的

食物，譬如啤酒（他會在四旬齋期間按禮俗飲用）。聖路易也極力避免禍從口出，諸如誹謗、咒罵、褻瀆神明等狂吃豪飲後可能產生的脫序行為，並在用餐時發表有益身心的言論。這位君王遵守「清廉的飲食方法」，運用審慎與適中等智慧飲食。與聖路易同時代的卡斯提亞王國國王智者阿方索十世也要求隨從飲食適量，並制定成法律（《約法七章》〔*Siete Partidas*〕）。葡萄牙國王杜阿爾特一世（1391－1438）則在《皇家顧問》（*O Leal Conselheiro*）一書中不忘闡述貪饞罪的禍害。

天主救贖計劃依然鼓勵有意識的禁食，這也是為何十三世紀的散文敘事體《聖杯的追尋》（*La Queste del Saint Graal*）裡有位隱士要圓桌武士蘭斯洛特禁肉與禁酒。在亞瑟王傳奇故事中，高貴的騎士攝取麵包、肉和酒為主，遺世獨居的隱士則吃麵包和水，偶爾搭配蔬果。十四世紀神祕主義者西恩納的凱薩琳（Catherine de Sienne）即為一例，當時的人認為禁食是通往神聖的不二管道。然而教會能否合理規定全體信眾採取使凡人變成聖人的飲食法呢？連要求嚴格的神學家讓・德・傑松都對太過苛刻的齋戒表示質疑，認為它可能引起比貪饞更嚴重的兩項罪孽，一是忿怒，由於身體疲乏而暴躁易怒，二是驕傲，因為逼迫自己做出超乎尋常的行為。許多道學家與教師遵循神學家托瑪斯・阿奎納（Thomas d'Aquin）的看法，強調飲食適量的重要，認為不能讓身體獲得足夠營養的人所犯的罪過不下於飲食過度的人。這位《神學大全》（*Somme théologique*，1271－1272）的作者並不譴責吃喝的慾望，也不撻伐飲食方面的感官享樂，因為這些都是自然現象，換言之是出於神的

旨意，因此它們本身並不邪惡，不過他卻指責「對食物過度的慾望」使人與禽獸無異。對食物理性的欲求首先要注意達到節制、平衡和社交禮儀的目的，不僅滿足個人生理需求，同時也使賓客在精神上得到滿足，並促進人際關係的和諧。由此可見，十三世紀時，節制的理想已經取代禁食的理想。

貪食、道學家與教師

由於十八世紀的教會已經承認人所攝取的食物可以是顯示社會階級的標誌，人從飲食得到樂趣是一種自然現象，而且人類社會確有團聚分享的需要，因此將貪饞罪的概念依據世俗界的特性加以調整變得更加必要。舉止優雅與善良風俗相互影響的事實受到普遍認同，於是餐桌禮儀的典章化便成為對抗貪食的世俗手段，亦即摒除貪饞的獸性，為其賦予文明特質，同時避免墮入貪食－饞舌－色慾的連鎖關係中。道學家、教師與教會人士不再描繪狼吞虎嚥與暴飲暴食等令人噁心的景象，藉此讓飲食的情趣獲得接納。

「衝啊！吃豬肉！」貪饞令人失去理智，甚至露出獸性。曾經，道德家喜歡借用動物來描繪那些饕餮大胃和大聲咬嚼的饕客。身為法蘭西國王查理六世和奧爾良公爵的座上常客，詩人厄斯塔什·德尚（Eustache Deschamps，1346－1407）在他的敘事歌裡借動物形象比喻賓客群像：「有人像豬一樣地蠕動兩片嘴脣，有人像猴子擠眉弄眼。」貪食者恰科經常出入十四世紀的佛羅倫斯貴族筵席，但丁曾在第三層地獄遇見他，薄伽丘也在《十日談》（1349－

1351）提過他，他被取了一個低俗的綽號「豬仔」。教士和道學家齊聲撻伐暴飲暴食容易引起的脫序行為，若發生在公開場合下更要不得。在聽告解的神父眼裡，吐掉食物再繼續吃是貪食者的特質，倘若貪食的是神職人員將更令人憤恨。十五世紀義大利出現許多詮釋貪食宗罪的壁畫，有些畫中描繪「貪食者飲食無度到嘔吐」的地步，暴飲狂食的醜態被清楚地表現出來。

　　到了十二世紀時，道德譴責的目標不再針對飲食本身的品質與分量，而聚焦於賓客的餐飲行為，中世紀聖經手抄本裡絕大多數的用餐場景都描繪得整齊乾淨即可見一斑。大口吞下肉塊意味狼吞虎嚥，尚未開始用餐便吃起麵包表示性情急躁，而搶先奪走上等肉塊表示缺乏教養，這些都是亞拉岡阿方索一世博學多問的醫師皮耶埃‧阿方索（Pierre Alphonse）在所著的《教士禮儀》（*Disciplina clericalis*，十二世紀初）中闡釋餐飲舉止（〈進食方式〉〔*De modo comedendi*〕）時所提出的看法。這一系列以父親給予兒子忠告為主要內容的作品在西歐地區大受歡迎，從伊比利半島地中海沿岸流傳到北歐內地。自十三世紀起，大部分的餐桌禮儀書都出版地方語言版本，這些闡述禮儀規範的書籍，作者從神職人員、公證人、法官、教師到醫師都有，尤其流行於義大利北部和中部城市，如米蘭人邦瓦贊‧德‧拉利瓦（Bonvoisin de la Riva）的《餐桌禮儀五十篇》（*Zinquanta cortesie da tavola*）。該書以二百零四行詩組成，建議讀者應顧及賓客的身分，遵守衛生、禮節、飲食適量等規範，避免做出類似動物的粗魯舉動，引起賓客反感：

　　「第十條禮儀如下：口渴時，/先嚥下嘴裡的食物，擦過嘴巴後

貪饞令人失去理智，甚至露出獸性。

再喝水。/貪食者不顧喉嚨仍有東西便咕嚕喝起水來，/令席間其他賓客心生反感。」；「第十六條真理如下：使用湯匙進餐時，不可大聲吸吮。/大聲吸吮湯匙的男人和女人，/猶如狼吞虎嚥的牲畜。」

　　著有《給吉列爾莫的課程》（Insegnamenti a Guglielmo，十三世紀）的維洛納學者則強調貪得無厭地大吃大喝是不禮貌的行為，只有飽受饑餓的可憐人才會出現這種行為，權貴者不會。

　　這類勸誡教士、貴族、布爾喬亞階級避免舉止不當的文獻作品在歐洲開始大量出現，即便亞瑟王故事和中世紀末的傳奇小說也繼續鼓吹這些教條。德國人澤基勒（Thomasin von Zerklære）在所著的《義大利客人》（Der Wälsche Gast，1215－1216）中也教導年少貴族遵守餐桌禮儀，譬如手指只能碰觸自己的食物，第一道菜尚未開動前不得吃麵包，嘴裡有食物時不可喝水或說話，喝水時不能東張西望，不該急著把身旁賓客已經選定的食物拿走等等。一四七五年左右英國出版了《娃娃書》（Babee'abee 娃書），教導貴族兒童用餐時不可做出摳鼻、剔牙或摳指甲等不雅動作。法國多明我會修士文生・德・波維（Vincent de Beauvais）在十三世紀時為路易九世之子編寫了《貴族孩童的教育》（De eruditione filiorum nobilium），他在書中特別描述王子們不雅的餐飲舉動：

　　「有人為了清空餐盤，取出肉塊並隨意走動，任油水沿路滴淌，又不小心撞到同席賓客，使肉塊掉到後者身上。也有人在每個餐盤裡東挑西揀後，只管把吃剩的麵包皮放回盤中……還有人直接用手當湯匙拿生菜吃，在填飽肚子的同時也順便當作洗手。」

　　根據著名的德國社會學家愛里亞斯（Norbert Elias，1897－

騎在豬背上的暴食者，《罪惡大遊行》（*La Calvacade des vices*），壁畫，一五一〇年，聖塞巴斯堤安小教堂（位於法國阿爾卑濱海省小鎮胡比歐〔Roubion〕）。

1990）的分析，自十二世紀起，禮儀文化逐漸在西方世界發展成形並緩慢傳播開來，起初只侷限於菁英圈子的餐桌上。譬如基督教人文主義者伊拉斯謨（Érasme）廣泛參考中世紀修道院教規、禮儀規範、太子寶鑑以及專為兒童編寫的訓示等，編寫成著名的《兒童禮儀》（【拉】*De civilitate morum puerilium libellus*）（*Civilité Puérile*，1530 年），西方傳統禮儀便建立在這些最早出現的教條基礎上。「貪食＝不良教育」這個恆等式隨之出現，而且將歷久不衰。

貪食確實有害健康嗎？

對食物失去理性的喜好不僅會破壞社會秩序、讓「罪人」無法得到救贖，更危害貪食者的健康，而教會不僅注意到這個議題，更盡力勸導信眾避免犯下貪食罪。自十三世紀起，教會當局特別重視貪食會嚴重危害生理健康的問題；聽人告解的善良神父不總是責無旁貸地關心教徒，是否因為貪食而導致身體不適？「定時定量才能保持身體健康，許多人因為暴飲暴食而早死或疾病纏身。」路易九世之子的聽告解神父羅翰斯修士在一二七九年提出上述警告。神職人員為了具體指控貪食的害處，洋洋灑灑列出因為飲食過度而引起的症狀和疾病。貪食可能引起發燒、迷糊、昏睡、遲鈍、反胃、嘔吐以及其他消化不良的症狀，除此之外也會導致癲癇、癱瘓、水腫，並使太肥胖的女人不孕，嚴重者甚至導致死亡。義大利多明我會修士聖吉米納諾（Jean de San Gimignano）寫道：「其實身體過於肥胖很危險，由於天然熱量悶在體內，更容易罹患重病。」（十

四世紀初）。或許貪食最令人髮指的罪行在於殘害自己的身體？對信徒而言，這種說法可能比以禁食來提升靈魂的宗教理念更具說服力。

而醫師在營養學方面又有什麼新看法？中世紀營養學的立論基礎在於針對每個人的特質，決定什麼是適合於他的均衡、適中以及社會地位不變性，這一套醫學論述與教會提出的論述有明顯的共通性。為了維護健康，不能吃太多，也不能吃太少，更重要的是，要等到上一餐的飲食完全消化完畢後才能再進食，以免發生嚴重的消化問題。「不能吃太多，也不能吃太少」除了視病人的年紀、性別、性情和體質而定外，也跟他們的職業、生活方式與社會地位有關。中世紀的醫學論述雖然堅決反對貪食與不定時定量──「貪食的殺傷力比刀劍更勝一籌」，一如托雷多（Jean de Toleto）的《維護健康》（*De conservanda sanitate*）所言──卻不排斥美食的感官享樂，甚至支持味覺的喜悅有益病人、孕婦、性情憂鬱的人攝取食物並能促進消化。有些醫師，譬如維勒能夫（Arnaud de Villeneuve）或曼能利（Maino de Maineri），則在他們推行的健康飲食法中研究調味料的功用，藉以提升病人餐點的風味，或解決病人食慾不振的問題。義大利醫師曼能利在他所著的《健康飲食法》（*Regimen sanitatis*，十三世紀）中以一整章的篇幅探討醬料（〈味道小品〉〔*Opusculum de Saporibus*〕），該章甚至獨立成冊發行。而身體健康的人為了維持健康，只需信賴自己的好惡，自然而然地選擇適性的食物。十三世紀時西恩納的阿德布蘭登（Aldebrandin de Sienne）醫師寫道：「如果一個人身體健康，他覺得好吃的食物也能為他帶來

更多養分。」這種說法早在十二世紀時即已出現在阿拉伯醫學名著《健康全書》（*Tacuinum Sanitatis in medicinam*），該書首先譯成拉丁文，後來再翻譯成各地的通俗話，對西方營養學觀念影響深遠：美味的食物不會危害身體，食物要能引起食慾才能造就健康的飲食。

連糖果也被醫學界大力推崇，當時的蔗糖由藥劑師販賣，因此糖果直到十七世紀都離不開醫藥的範疇。由於糖被認為有益消化，因此經常用來調製成佐肉、魚、蔬菜的醬汁，賦予中世紀末和文藝復興時期的貴族料理酸酸甜甜的獨特滋味。菁英階層習慣用完餐後再來一道「小點心」，譬如甜點、糖果和「臥房辛香點心」（糖漬辛香點心）[5]。至於果醬則有結束餐點後關閉胃部的功用，並能

亞伯拉罕‧波斯（Abraham Bosse），《犯下七宗罪的人》（*L'homme chargé des sept péchés capitaux*），版畫，約一六二八年，法國國家圖書館。

幫助消化。承續中世紀藥劑學和解藥學的傳統，著名的醫師與占星家諾查丹姆斯（Nostradamus）在他所著的《優越又實用的小品集》（*Excellent et Moult Utile Opuscule*，1555年）中透露美容養顏的祕訣以及果醬的做法。他認為果醬既有療效又美味可口，在這位文藝復興時期的御醫眼中，榅桲調製出的果醬「美味至極，它有止瀉和舒緩兩大功用，又適合隨意享用」。而在他之前四百年的義大利，一位小名邁祖艾的十二世紀醫生所著的《解毒藥集》（*Antidotarium*）即深受阿拉伯醫學影響，為病人開了許多「美味藥物」，如榅桲製成的果凍或果醬、用糖或蜂蜜再添加茴香、丁香花蕾、麝香等香料所做成的糖果，還有多種不同果醬，其中四種以蔗糖為主要原料。的確，源自希臘醫生蓋倫（Galien，約131－約201）的傳統而發展的西方醫學認為，不討味蕾喜歡的食物只會讓胃部反感！

5「臥房辛香點心」因常在臥房內食用而得名，包括用糖或蜂蜜醃漬過的辛香植物果實或點心，如糖漬薑、芫荽、茴芹、茴香，以及松子牛軋糖、榅桲醬等。原文另外加了（糖漬辛香點心），故中文隨之。

Chapter 2

極樂世界的美食

來吧，無憂無慮的人、夥伴們啊，
所有厭惡工作的人，喜歡吃喝的朋友，
痛恨拮据窮困的人，心胸寬闊
但不懶惰的人，只有吝嗇鬼才會叫你們懶蟲，
來吧，快來極樂世界，
在這裡睡得越多，賺得越多。

〈極樂世界逍遙遊〉（*Il piacevole viaggio di Cuccagna*），一五八八年。

　　一個豔陽高掛的大白天裡，三個吃飽喝足、衣冠不整、身材肥胖的饕客躺在樹蔭底下高枕無憂地睡覺，第四位饕客則在覆滿派餅的窗遮下等待。那裡的籬笆都用一串串香腸編織而成；水煮溏心蛋長了腳，搖頭擺腦地走到這三個熟睡的人前面請他們品嚐；一隻烤豬大方亮出肋排和火腿供人享用；一隻烤鳥伸長脖子躺在銀盤上任人斬斷。每一株樹木都能食用，有一棵灌木由薄餅組成，而另一棵則結出若干罐蜂蜜，遠方有一個牛奶湖和一座可麗餅麵糰山，這幅畫的構圖大致如此。畫中四個靜止不動的人物嘴巴張開，等待食物自行來到。在這個安樂鄉，食物不需辛苦掙來，而是直接由大自然供應，甚至無需彎腰揀拾。在老彼德・布魯格爾繪於一五六七年的極樂世界裡，賦予生氣與活力的不是人，而是食物和餐具。

　　宛如一支歡樂的法蘭多拉舞[1]，那隻烤豬開啟這個龐大的迴旋動作，接著由教士的腰帶與外套、農夫的連枷與背脊、騎士的長

---

[1] Farandole，法國普羅旺斯地區的一種鏈舞，舞者手牽著手而跳，常於節慶時沿著街道跳。

槍、香腸圍籬一一承接下來，而支撐著圓形托盤的樹木繼續迴旋動作，樹幹從中穿過的托盤令人想起日晷，彷彿隨時都邀人進食。這個貪食的國度熱情好客，誰都不會被拒於門外。攜連枷的農夫、帶書的教士、配長槍的騎士分別代表了舊制度社會的三個傳統階級。這個極樂世界提供一種烏托邦式的反社會型態，不僅全境瀰漫著在美食享樂之前人人平等的氛圍，此外，由於土壤肥沃，物產富饒，因此能徹底懶惰，盡情貪食而悠然自得，完全不必承受健康、道德或宗教上的非難。法國電影導演伊夫・羅伯（Yves Robert）一九六八年電影《快樂的亞歷山大》（*Alexandre le Bienheureux*）中那位盡享清福的男主角的祖先一定就來自這個地方，而關於極樂世界最早的描寫不就起於對懶惰的讚頌：「在極樂世界裡，你睡得越多，也賺得越多」（法國，十三世紀）？

中古時代的烏托邦

「En pays de Cocagne / Plus tu dors, plus tu gagnes」（法國），「Nel paese de Cuccagna / Chi pu dorme pimeguadagna」（義大利），「In the Great Land of Cockaigne / He Who Sleeps the Most Earns the Most」（英國）……中世紀末和文藝復興時期，極樂世界的寓言故事廣泛流傳於西方世界，而在義大利北方、德國和佛蘭德斯一帶更加盛行。「cocagne」一詞意指沃土，就我們收集到的文獻資料來看，「cocagne」一詞最早出現於十二世紀，以拉丁文體「abbas Cucaniensis」（極樂修道院）出現在《布蘭詩歌》（*Carmina*

Burana）第二二二行裡，而一百年後歐洲文學才首次出現極樂世界的描寫。在寫於十三世紀的《極樂世界故事詩》（*Fabliau de Coquaigne*）中，一百八十八行詩句裡有一百五十六行都在詳細描繪這個奇幻國度，這個烏托邦的主要特徵也從此定型。後來在征服新世界的故事所帶來的想像空間中——黃金國（El dorado）是中古時代極樂仙境的化身——以及糧荒時期出現食物供給這類事關重大的問題時，以這個想像國度為主題所產生的文學或圖像再度流行，並在十六世紀臻至高峰，到了十七世紀下半葉才走下坡。歷史學家讓・德呂摩（Jean Delumeau）發現在十六至十七世紀期間，法國有十二種版本的極樂世界故事，德國有二十二個版本，義大利出現三十三個版本，而布魯格爾珍愛的佛蘭德斯則有四十個版本。

　　雖說極樂世界的概念是中古時代的產物——對歷史學家雅克・勒高夫（Jacques Le Goff）而言，它甚至更可說是中世紀唯一真正的烏托邦——關於它的想像卻能追溯到更古老的時代，它其實早就從聖經故事與古代神話汲取靈感。譬如在神應許給希伯來人的迦南地，牛奶與蜂蜜泉湧而出；而最重要的聖經典故非伊甸園莫屬，人在宛如世俗天堂的伊甸園不必憂愁食物不足，甚至不解饑餓為何物，也不必努力工作便能獲得食物。這兩個地方擁有相同的地理環境：河流或噴泉，樹木和花園，寧靜又富庶的大自然。不過這片豐饒之地並非聖經與神學家的人間天堂，即便信徒心目中的人間天堂似乎有「極樂化」的傾向。相較於創世紀描述的情景：「大地長出菜蔬：結種子的青草，各從其類，結果子的樹木，各從其類」（《創世紀》3：12），民間想像的極樂世界卻是樹木長出各式各樣的

菜餚，數量多到連枝幹都彎下來，大地則直接造出蛋糕和乳酪；由於食糧富足，人人都能盡情吃肉喝葡萄酒。值得一提的是，大洪水後神才准許諾亞及其後代吃肉，其實是針對人類生活狀態每況愈下所做的讓步，而在諾亞之前也無人喝過葡萄酒，諾亞堪稱第一位葡萄酒農，也是第一位酒醉的人。極樂世界其實與天堂背道而馳，全面顛倒犯下原罪的後果。在極樂世界中，每一株藤蔓都長出一串串甜美多汁的葡萄，青青草原都生出令人垂涎的薄餅；反之，聖經對犯下原罪者施以這般可怕刑罰：「你必終身勞苦，才能從地裡勉強得喫的。地必給你長出荊棘和蒺藜來，你只得吃田間的青草。」（《創世紀》3：17－18）。

極樂世界烏托邦的根源也可上溯至古希臘羅馬時代，它很像能源源不絕倒出食物的「豐饒角」予人的意象。那個極樂世界代表希臘神話中的黃金時代，一個沒有戰爭、沒有疾病、沒有苦難、不必工作的時代，人類過著有如天神般的生活，富庶而慷慨的大自然會自行製造佳餚；那一切彷彿並不是太久遠的事。青春之泉的神話與琉善（Lucien de Samosate）在《真實的故事》（*Histoire véritable*，二世紀）中描寫的幸福之島遊歷記依舊經常被提及。在西元前五世紀的古希臘喜劇中，如克拉底斯（Crates）的《野獸》（*Les Bêtes*）、特勒克雷滋（Telecleides）的《近鄰同盟》（*Les Amphictyons*）、斐勒克拉忒斯（Pherecrates）的《波斯人》（*Les Perses*）等，許多獨白或對話所提及的地方完全不比中古時代或文藝復興時期的極樂世界遜色，譬如烤雲雀直接從天上掉到劇中人物嘴裡；濃湯河流裡漂浮著肉塊；魚群自動送上門，自行油炸後再送

而在諾亞之前也無人喝過葡萄酒，諾亞堪稱第一位葡萄酒農，也是第一位酒醉的人。

進食客的口中；希臘埃伊納島的杏仁餡餅或烤小山羊腸子從樹上掉下來。極樂世界洋溢祥和自由的氣息，食物豐盛而種類繁多，每個人都青春不老，隨時都在吃喝玩樂，這一切都是獲得幸福的保證，但卻是完全世俗的幸福。

極樂世界是追求物質享受的烏托邦，放縱食慾與性慾等肉體享樂不必有罪惡感。那裡沒人會責備「暴食」和「色慾」等罪孽，也沒有工作和商業交易的觀念——有時那裡會蓋棟監獄，把那些異想天開想工作的人關起來——因為大自然本身會創造財富，日常用品都有自動生產的奇幻能力，貪饞、感官享樂與懶惰在這個仙境蓬勃發展並獲得至大滿足，不必遭受批判。在極樂世界裡，人類豐衣足食、無憂無慮，只以追求快樂為目的。

佳餚美酒築成的極樂世界

我們可從故事詩、詩歌、鬧劇、繪畫、版畫、漫畫地圖等一窺極樂世界的堂奧，這個地處偏遠、難以找到的想像國度，通常位於小島上，位於西方某處。有時候地點不明，或以逗趣的方式呈現，如德國詩人薩克斯（Hans Sachs）筆下的《極樂世界》（*Schlaraffenland*，1530年）位於「耶誕城」三里外的地方，薄伽丘在一三五〇年前後的作品中所述的「好命鄉」（Bengodi）距離佛羅倫斯一千多里，而佛蘭德斯的安樂鄉（Luilekkerland）則需在漫長黑夜中跋涉三里才能抵達。人們或搭船完成前往理想國的漫長旅程，或穿越可食的山丘，用貪饞的口腹吃出一條小路，不過一旦偏

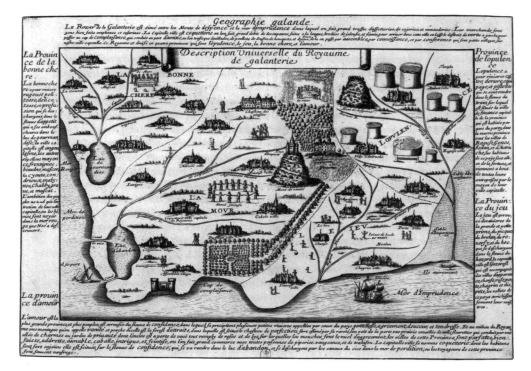

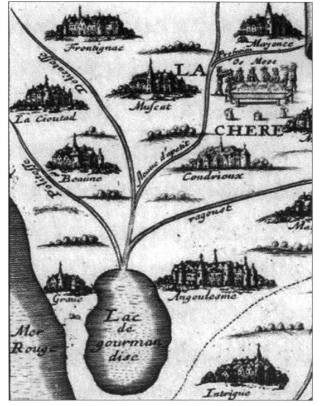

《豔情王國包羅萬象的描寫》（*Description Universelle du Royaume de galanterie*），約一六五〇年，法國國家圖書館。

「一處充滿珍饈的地方，那裡有一條大胃之江，香料、禮貌、細緻、豐盛等支流滾滾注入大江之中⋯⋯」

焗釀填肝雛鴿和烤雲雀直接掉進路人嘴裡，豬仔懶洋洋地到處溜達，牠的背上插著刀，任人品嚐鮮美可口的肋排。

離小路就再也找不回去。

在極樂世界裡，麥糊、餛飩和乳酪堆積成一座座令人垂涎的高山，溪流江河、海洋湖泊裡流動的不是葡萄酒就是牛奶，噴泉和水井匯聚的不是水而是蜂蜜酒與其他甘醇佳釀。草原冒出餅乾，荊棘長出結實纍纍的葡萄，美妙的樹木一年四季都能供給熟得恰到好處的水果，或糖漬水果、牛奶小麵包、甜蛋糕、餡餅、山鶉及烤火雞。餐桌上雖已擺滿佳餚，但仍絡繹不絕地上菜，靜候饕客垂青，大鍋子則馬不停蹄地烹煮食物。四隻腳或兩隻腳的牲畜和家禽、餡餅和溏心水煮蛋自行走到食客面前，等著任人品嚐，焗釀填肝雛鴿和烤雲雀直接掉進路人嘴裡，豬仔懶洋洋地到處溜達，牠的背上插著刀，任人品嚐鮮美可口的肋排。河流裡的魚都已煮過、烤過、或用百種其他方法烹調過。籬笆、圍牆、柵欄、將葡萄藤固定在支柱上的繩子、甚至拴狗的繩子、套驢的籠頭都由各種美味可口的香腸串成。房子屋頂由派、塔和鬆餅做成，而牆壁則用糕餅、新鮮豬肉或魚肉（狼鱸、鱘魚、鮭魚、西鯡）鋪砌而成。在勒格杭（Marc-Antoine Legrand）[2]於一七一八年創作的一部三幕喜劇中，極樂世界裡的好國王所住的寓所稱為「吐司女士宮」，以糖為主要建材，廊柱由麥芽糖打造，裝飾物則由糖漬水果組成，美味可口的地下室蘊藏糖礦和杏仁餅。

極樂世界終年都是春天和夏天（佛蘭德斯極樂世界的氣候常年像五月那麼溫煦），不時飄來清香涼爽的微風。就算偶爾出現惡劣的天氣打斷安樂鄉的恬靜，也不必懊惱！因為下的雨全變成熱騰騰的派餅或布丁，暴風雨帶來糖果和蜜餞，雪花則都是糖做的。

極樂世界的好滋味

　　儘管這種極樂世界的寓言故事是歐洲的產物，而且自《極樂世界故事詩》出現後便大致底定，不過各地的版本仍然充滿在地色彩，從而凸顯不同地區的飲食特色，以及十三世紀至十七世紀之間口味的顯著變化。辛香食物在中世紀貴族飲食與中古時代對天堂的想像中都扮演舉足輕重的角色，就連英國－愛爾蘭的《極樂世界》（十四世紀中葉）也散發濃郁的辛香味：有一種樹的樹根「很好看」，長得像薑與油莎草，發出如薑黃的新芽，綻放肉豆蔻似的花朵，結出像丁香花苞的果實，而樹皮則像肉桂；更絕妙的是「訓練有素的雲雀，／掉進人們的嘴裡，／煮熟後鮮嫩多汁，／還灑了丁香粉與肉桂粉」。西班牙版極樂世界「豪哈島」（Isla de la Jauja）不出意料地留下穆斯林繁華天堂想像的明顯痕跡，而法國極樂世界的河川都流動著紅酒與白酒，紅酒以產自波恩（Beaune）者取勝，白酒則是歐賽爾（Auxerre）、拉羅歇爾（La Rochelle）、托內爾（Tonnerre）等地釀造。荷蘭詩歌〈此乃高貴的極樂世界〉（*Dit is van dat edele land van Cokaengen*，十五世紀）深受法國故事詩的影響，不過除了葡萄酒河外，又加了一條啤酒河。

　　義大利的極樂世界裡超大鍋的馬鈴薯餃倒在堆積如山的乳酪絲上，麗可塔乳酪[3]不僅為河流沿岸鑲上白邊，也把房屋的牆壁刷白，壁面上還點綴著切成圓片的肉腸，而多產的母牛每天居然可以

---

[2] 馬克－安東尼・勒格杭（Marc－Antoine Legrand，1673-1728），法國劇作家。
[3] 麗可塔（ricotta）是一種新鮮未發酵的義大利乳酪。

兒童故事《極樂世界》（*Le Pays de Cocagne*）的插畫，W. Nitzschke 出版社，德國斯圖加特（Stuttgart）

生出一隻牛犢。在《十日談》第八日的第三個故事中，薄伽丘好整以暇地描寫一派天真的卡蘭德里諾對「好命鄉」的美妙如何歎為觀止：通心粉與餃子用閹公雞高湯煮過後，從帕爾馬乳酪絲山坡滑下，而山腳下有一條小溪，溪裡流動著維納恰佳釀[4]，「堪稱頂級白葡萄酒，沒有摻一滴水」。十六世紀時，一位姓名不詳的摩德納[5]作家這樣描寫「好命鄉」：它的地形主要是一座「完全由乳酪絲組成的高山」，山頭上矗立著一個巨大的爐子，爐子裡裝滿通心粉，這些通心粉一經煮熟便被噴出——當時還沒有煮到彈牙的要求——然後沿著山坡滑下並裹上乳酪絲，它們的美味之旅最後在平原上劃下句點並落入饕客的肚子裡。一六〇六年出版的一張義大利地圖（米蘭，雷蒙蒂尼系列）上依然能看到這座高山／噴爐巍峨屹立於極樂世界中央；煮熟後被噴出來的通心粉掉入一面遼闊的潭中——大概是為了與醬汁混合——最後被一群拿著撈網的人打撈起來。這座有如美食守護神的肥沃火山並未出現在德國與佛蘭德斯的極樂世界中，卻成為義大利極樂王國的特殊景觀，也是那不勒斯狂歡節花車遊行的裝飾主題。

關於極樂世界的相關詩文中所出現的食物也反映了不同社會階級的口味，市井小民不意外地特別鍾愛各種血腸與臘腸、豐盛的節慶糕點以及香腸大戰[6]。不過這個理想國也覬覦以鳥肉（山鶉、雉雞、山鷸）、鮮魚、小麥白麵包以及甜點（糖果、杏仁餅、蜜餞）組成的貴族餐飲[7]，富饒充足、五花八門、鋪張奢華等貴族

[4] 產自義大利維納恰（vernaccia）的著名白葡萄酒。
[5] 摩德納（Modena）是義大利北部的一個城市。
[6] 法國文藝復興時代的大作家法蘭斯瓦·拉伯雷（François Rabelais，約1493－1553年）的《巨人傳》第四部即有大戰香腸的段落，描述約翰修士聯合廚房師傅大戰香腸人，但戰事最後以暴食狂歡結束。
[7] 當時有錢人才吃得到小麥麵粉製成的白麵包，而窮人只能吃以裸麥粉製成的黑麵包。

極樂世界的佳餚散發社會階級融合的味道，平民節慶菜與愛炫耀的貴族菜同起同坐。

餐飲的特徵普遍見於極樂世界。在來自佛蘭德斯的《極樂世界》（*Luilekkerland*，1546年）詩文中，烤雞產量格外豐富，當地居民甚至不惜將它扔到籬笆外！極樂世界的佳餚散發社會階級融合的味道，平民節慶菜與愛炫耀的貴族菜同起同坐，由於沒有宗教、社會、道德的禁令，每個人都能暢心所欲大吃大喝。此外，食物的供給源源不絕，且沒有一道不是精緻佳餚。

烤肉與肥肉的美食夢

從「極樂世界」（法文：Cocagne）一詞的拉丁字根「coquus」——這個拉丁字衍生出德文的「koch」或「küchen」、荷文和英文的「kook」和「cook」以及法文的「coque」（也與糕點有關）[8]——不難看出，所謂「極樂世界」首先指的是物產豐饒之地，雖然也包含其他感官享樂。十六世紀以後，極樂世界在食物方面的歡愉描寫逐漸領先其他感官樂趣，甚至全面加以取代。佛蘭德斯中古世紀的詩歌《此乃高貴的極樂世界》（*Dit is dat edele lant van Cockaengen*）不乏對主動求愛的美女的描寫，然而在隨後一個世紀到了布魯格爾的畫裡，極樂世界變成純粹追求美食與無所事事的國度。於是，極樂世界成為豐足、肥沃、無憂無慮與茶來伸手飯來張口的同義詞。

---

[8] 拉丁文 coquus 有廚師之意，德文的「koch」意指廚師而「küchen」指蛋糕，荷文和英文的「kook」和「cook」皆指廚師，而法文的「coque」指一種糕點，例如馬卡龍殼。

極樂世界的描寫內容即足以列出一份令當時民眾垂涎三尺的菜單，並徹底滿足他們的美食夢想。無論是成為街頭歌手在路人面前朗誦的詩歌（譬如一七八六年，歌德在威尼斯聆聽關於這個奇幻王國的敘事歌），或節慶日在露天舞台上演出，或印製成小冊子供人守靈時閱讀，極樂世界的奇幻故事必須有趣才能吸引觀眾的注意。《極樂世界的奇幻遊記》（*Il piacevole viaggio di Cuccagna*，1588年）是獻給「喜愛肥肉和美食而與拮据和匱乏為敵的人」的讀者，這個貪饞之旅的邀約預告了一種飲食方面的相反典範，亦即追求大塊肥肉與大量食物。在當時缺乏油脂、日常飲食相當簡陋的西方世界，理想中的美食首先強調的就是滿足大啖肥肉的慾望。《極樂世界》詩詞裡的鹹肉布丁也很油膩（第59行）。「肥」象徵了社會權力、財富以及安適的生活。義大利文「grasso popolo」（肥肥一族）這個詞指的是中世紀義大利上流社會的大人物，「油膩的餐桌」則指豐盛而愉悅的宴席，反之，「瘦母牛」預告欠糧之年即將降臨。吃得好的男子身材渾圓壯碩，更是身體健康、活力充沛的表徵，就像母親和奶媽都希望看著自己的孩子長得肥肥胖胖。極樂世界所出現的動物中，鵝象徵了對肥肉的渴望，鵝在所有家禽中脂肪含量特別高，是以「油肥的鵝」或「非常油肥的鵝」這種贅詞用法有超級豐饒之意。不僅如此，烹調肥鵝肉的方式不是燉煮而是燒烤；烤肉是承襲自蠻族菁英階級的權貴菜餚，在烹煮過程中油脂會流失，不像燉煮會把油脂完整保留下來。烏托邦社會的生活豐衣足食，居民自然毋需為減少這麼一點油脂而擔憂。至於豬仔，西方基督社會視之為肥肉的最高象徵，豬的存在足以代表肉類食物的富饒，因為庶民

「肥」象徵了社會權力、財富以及安適的生活。

極樂世界實況，賈各‧喬丹（Jacob Jordaens），《飲酒的國王》（*Le Roi boit*），比利時圖爾奈（Tournai）美術館。

智慧顯示，豬全身上下每個地方都很美味，即便豬血都能做成黑血腸。民眾都很清楚，冬季殺豬祭神的傳統仍是鄉下居民大啖鮮肉的珍貴時機，有時婚宴也會選在同個時候舉行。

與穀物粥、黑麥麵包、菜蔬或菜根湯、粗糙的果渣汁等絕大多數西方平民常吃的食物大異其趣，極樂世界的主食是肉類燒烤（烤豬、香腸、烤禽類）、甜點（蜂蜜、派餅、鬆餅、薄餅），同時搭配大量的葡萄酒；這些食物不僅花樣繁多，而且取之不竭，道道精緻。然而有些肉卻被排除在這個美食天堂之外，如窮人最常吃的羊肉、腥羶味特別濃烈的狼肉和狐狸肉，或齷齪噁心的馬肉、狗肉和貓肉。蘿蔔、栗子、橡樹子、蠶豆、豌豆和水煮蔬菜也通通進不了極樂世界。相關文獻指出最受青睞、最珍貴、西方世界列為首席菜餚的是禽鳥類，包括山鶉、雉雞、雲雀、山鷸、閹公雞、鵝、雞等。極樂世界裡人人都過得有如王公貴族，出現的珍饈美饌都是筵席菜，肉類豐富多樣，甜點分外油膩，公共廣場上設有葡萄酒噴泉，新鮮的白麵包也取之不盡。

只是單純的民間娛樂？

　　從中世紀末至文藝復興時代，德國、義大利、法國以及英國的狂歡慶典裡，葡萄酒、肉、肥油等極樂世界最重要的食物也是輔助狂歡節大戰四旬齋的食物。極樂世界這個烏托邦首先就是對永無止盡的節慶時光的憧憬，無疑地，民眾們能透過這些食物緬懷曾經短暫經歷過的美好時光，諸如婚禮、宰豬祭或村民聯歡會，暫時忘掉簡樸的日常生活和單調乏味的工作。

　　所謂「極樂世界奪彩竿」足以證明寓言故事與民間節慶之間的相似性，在城市和農村的慶祝活動中，常會出現這種奪彩竿，竿子上了一層油，而頂端綁著許多食物和酒，讓那些能爬到頂端的人摘取。爬竿子所費的氣力令人聯想到抵達極樂世界需要經歷重重難關，而高掛的火腿、肥鵝、香腸等代表著極樂世界的樹木所長出的奇異食物。史料顯示十六世紀時羅馬就在五月節慶相關活動中使用奪彩竿。一四二五年《一位巴黎布爾喬亞人的日記》（*Journal d'un bourgeois de Paris*）也在描述聖勒與聖吉爾堂區的主保聖人節時提到奪彩竿：「他們取出一支將近六尺長的竿子[9]插入泥地裡，然後在竿子頂端掛著一個籃子，裡頭放了一隻肥鵝和六塊錢，再將柱子徹底上過油，接著眾人叫嚷道，有誰不借外力便能順利爬上柱頂拿下肥鵝，籃子裡那隻鵝和六塊錢就歸他。」「贈送極樂世界」（donner une cocagne）這個中世紀詞語意味為民眾舉辦山珍海味的歡樂慶

---

[9]此處的「尺」指法國舊長度單位toise，一尺約相當於兩公尺，因此竿子高度為十二公尺左右。

典，不過這句話中的美食意涵逐漸減弱為簡單的民間娛樂，後來在法文中慢慢被淘汰，只留下「pays de Cocagne」（極樂世界）這個家喻戶曉的慣用語。

然而烏托邦背負著反天主教教會的重任，隱含不滿現狀的看法，特別是反對飲食的各種限制、苦修規定、齋戒以及逢年過節必須禁食等。《極樂世界敘事詩》裡一年到頭只有星期天與節日，工作並不存在，更令人欣喜的是每年有四個復活節、聖約翰節、聖蠟節、四旬齋前的懺悔節與狂歡節、諸聖節、耶誕節、葡萄採收節等也各有四個，而四旬齋期每二十年才輪到一次（荷蘭版則每一百年才有一次），而且雖曰齋戒，期間仍能隨心所欲大吃大喝，吃魚或吃肉，任君選擇！儘管後來的版本看不到這種特殊年曆，但十六至十七世紀的版畫或詩歌中常把極樂世界、狂歡節與懺悔節視為一體。《狂歡節離去》（*Partenza di Carnevale*，1615年）一書裡，極樂世界被描繪成狂歡節平時的度假勝地，當狂歡節不和人們在一起，便待在極樂世界裡，載滿食物的花車也能加入狂歡節的遊行隊伍，特別是在十八世紀上半葉的那不勒斯。而在所有不滿的聲浪中，最激烈者是為了反對教會發佈的罪孽說。因此關於極樂世界的描寫首度出現於十三世紀絕非純屬巧合，因為當時教會開始教導信徒遠離七宗罪，且值得一提的是，在文學史上狂歡節與四旬齋最早的衝突記錄也出現在十三世紀。《極樂世界敘事詩》甚至在開頭的段落中便描寫敘述者兼旅人竟是被教皇下令流放到這個美妙的國度「苦修」，足見極樂世界的概念與宗教有相當密切的關聯。起初極樂世界提出人間天堂說的相反版本，揚棄七宗罪，崇尚高度物質享樂

的世俗幸福，完全否定基督教講究的價值，唯一重要的是能滿足肉體需求。不過後來極樂世界的概念逐漸簡化成單純的狂歡節主題，它的宗教抗爭意涵隨之減弱。

　　歸根究柢，這個民間故事之所以能流傳數百年之久，其實是出於糧荒危機一直不能獲得解決的失望與憂心。極樂世界透過想像提供深受荒年之苦的民眾逃離現狀的可能，英國人甚至稱之為「窮人天堂」（poor man's heaven）。食物不虞匱乏、不必未雨綢繆、能像貴族般鋪張浪費等都是極樂世界之夢的內容，這個夢首先要能永遠滿足饑餓，讓饑餓被一勞永逸地被平息。在極樂世界裡，貪食者能隨時隨地、隨心所欲地吃飽喝足。處在一個食物供應極不穩定的社會，極樂世界的故事變成各種不同的文學形式出現，以聊以充饑為目的，無論寫成散文體或詩歌體，都有荒誕、滑稽、離奇、堆積得太過豐盛的菜餚、飲食無度、酣醉快活的描寫，呼應了對食物缺乏的失望，並提供彌補缺憾的盛宴美夢。跟稍縱即逝的極樂經驗一樣，這些描述極樂世界的文章與版畫儼然變成一個宣洩管道、短暫性的補償、口腹之欲的解脫，表現出對平日禁食、齋戒期、擔心青黃不接、農產收穫前夕所剩無幾的存糧價格飆漲等的反抗，不過酒足飯飽的權貴階級並無法領略這個極樂世界之旅所扮演的心理角色。

懶惰蟲、狼吞虎嚥者與懦夫組成的可憎王國

　　美食烏托邦在民間廣受歡迎，導致極樂世界的主題被貪食一色

慾的抨擊人士運用，這些人揭露貪食－色慾這對最佳搭擋是貪饞、懶惰與縱情聲色的生活的始作俑者。這種逆轉發生得相當快，因為早在十四世紀初，英語世界的《極樂世界》（The Land of Cokaygne）一書便已假借烏托邦的概念，嘲諷愛爾蘭熙篤會修院放浪形骸的作風。在日耳曼地區，極樂世界被歸類在瘋子和瘋狂的世界裡。佛蘭德斯畫家波希（Jérôme Bosch）在他的《愚人船》（約1490年）中央插了一棵「極樂之樹」；而在德國詩人布蘭特（Sebastian Brandt）筆下（1494年，一〇八章），一群瘋子既沒帶地圖也沒帶指南針，便出發尋找那個不存在於真實世界的國度，因此註定要在海上漂泊，他寫道：「在愚人船上，嬉笑歡唱地航向地獄的人遭殃了」。十八世紀德國赫曼公司出品了一張漫畫地圖，藉用地形學和地名合力強調因貪圖肉體享樂而放蕩不羈的人會遭遇的危險：胃帝國、金牛犢王國、飲料國、淫蕩共和國、遊手好閒區、褻瀆城邦……儘管哥倫布於十五世紀末捎給天主教王侯的信函裡，描繪伊斯帕尼奧拉島（位於加勒比海）具備極樂世界的顯著特徵，他卻斬釘截鐵地做出道德批判：「這個地方只適合世界上最懶散的人」。

由於極樂世界的主題具有這種雙重性與曖昧性，只要有一個暗示性的地名、一個滑稽的姓氏或一條道德訓示出現在寓言中，便足以讓整個故事產生脫胎換骨的變化。因此，邁向極樂世界的道路可能被稱為「誤入歧途之路」，而旅客的住宿地可能取名叫「不知天高地厚者的客棧」；快樂的聖拉什跟那些「不務正業、遊手好閒、懶惰、無所事事」的人一樣，都可以被拔擢為這個國度的主保聖人。在這個古怪的王國裡，每個人都能按照遊手好閒的程度冊封為

波希在《愚人船》中插了
一棵極樂之樹在船中央，
約一四九〇年，巴黎羅浮
宮美術館。

騎士、伯爵、王子或國王，而這些王公貴族的名字與封號也具有懶惰、貪食、放縱無度等諷刺意味。懶惰又貪吃的帕尼貢（Panigon）名字取得甚為貼切，因為這名字來自義大利文的「panicone」，意為食量超大的人，而帕尼貢當上極樂世界的國王，「並不是因為他是個戰將，而是因為他是個膽小鬼」──法國版畫《極樂世界與其富庶的描繪》（*Description du pays de Caucagne et de ses fertilitez*，十六世紀末－十七世紀初）如此寫道。至於極樂世界的皇后，她被冠上「懶惰殿下」這個高雅的稱呼。根據一五四六年佛蘭德斯的一個極樂世界版本，想要前往美妙又懶散的極樂世界，只要將「任何美德、榮譽、禮貌、智慧與藝術」拋在腦後即可。不過要當心遊手好閒這個萬惡之母啊，這個極樂世界離陰森森的絞架只有咫尺之遙！這首詩是為了提醒那些好吃懶做的孩子而作。

極樂世界變成社會邊緣人的樂土，一個不建議前往的醜陋之地，形形色色的無賴、懶人與貪食者在裡頭打滾，而油肥的貪饞者只是一條寄生蟲、一條無恥的消化道，他們只會吃，不願工作，破壞社會的自然秩序。世界倒錯的極致「油膩星期二」[10]被流放到極樂世界並非巧合，教育家和道德家不願從中看出民眾懷抱極樂世界的夢想其實是為了擺脫食物不足的恐懼，卻執意將貪食與懶惰緊密聯結起來。拒絕勞動、拒絕努力，也拒絕商品買賣的貪饞者被醜化成遊手好閒的危險人物，而就前資本主義歐洲社會的勞動價值而言，他被流放到極樂世界其實就是在譴責他的社會邊緣性格。

油肥的貪食者只是一條寄生蟲、一條無恥的消化道，他們只會吃，不願工作，破壞社會的自然秩序。

---

[10]「油膩星期二」即狂歡節，原文Mardigras由gras（油膩）和mardi（星期二）組成，源於天主教徒在復活節之前的齋戒儀式，狂歡節後直到復活節前一天則為四旬齋期。

極樂世界被賦予這樣的醜陋面貌之後，成為教化年輕人的材料。路易十四長孫勃艮地公爵的家庭教師費內隆（Fénelon）編寫寓言故事教化學生，在一篇名為《快樂島遊記》（Voyage dans l'île des plaisirs）的故事中，他刻意扭曲他所熟知的烏托邦語彙，藉以諷刺極樂世界，以便在最後譴責追求美食享樂不但空洞無意義，而且會導致性格軟弱，這些主題也出現在他的另一部作品《忒勒瑪科斯》（Télémaque，1699年）中。在海上航行了很長一段時間後，敘述者兼主人公停靠在一座到處都是甜食的小島，有焦糖和冰糖岩石、水果泥山、糖漿河、甘草糖森林以及長滿鬆餅的樹木。我們不難猜出年輕王子被這個故事深深吸引，不過不久後，這位主人公開始厭倦糖果俯拾皆是的世界，開始想吃味道更重的食物，其實也就是更陽剛的食物。於是他離開「糖果島」而來到另一座島嶼，島上有豐盛的「火腿、香腸以及胡椒燉肉」。他跟一名商人買了十二個袋子充作胃袋，如此一來他便有足夠的胃口在一天內吃下十二場盛宴的佳餚。不過到了晚上他「感到厭倦，因為一整天坐在餐桌前吃喝，跟一匹馬成天站在餵草架前沒兩樣」──這裡又出現貪食－動物性的關聯──於是隔天他決定只靠呼吸美好的氣味度日。第三天，他拜訪一座稀奇古怪的城市，那裡每個市民都有許多「願望，這些願望是一種小精靈，它們繞著市民飛舞，並馬上為市民實現願望」。不過由於被照顧得無微不至，這些人變得既懶惰又軟弱，性情也變得怯懦陰柔，而且因為不停追求感官愉悅，終於落到玩物喪志的下場，甚至甘心把權力移交給妻子掌管！這個寓言故事最後給予年輕王子的道德教訓是：

「我的結論是，感官享樂，不管花樣多麼繁多，不管多麼唾手可得，都會使人墮落，也不會讓人獲得快樂。因此我對這些表面看起來非常美妙多姿的地方敬而遠之，我寧願回家，在簡樸的生活、適度工作、良好習慣、美德的實踐中找到幸福與健康，汲汲營營於追求口腹之欲與縱情聲色並不能讓我幸福健康。」

「這些孩童怎能抵擋極樂世界的甜蜜誘惑？」，艾伯納（P. Ebner）插畫，取自德國童書，約一九一五年。

對一位成天只想滿足口腹之欲的天主教士的批判，
威廉‧郝嘉瑟（William Hogarth），《加來門》（*La Porte de Calais*），一七四八年，倫敦泰特美術館（Tate Gallery）。

Chapter 3

天主教徒的感官享樂
新教徒的簡約樸實

我們也同意，在人可能犯下的所有宗罪中，第五宗罪使人受到的良心譴責較輕，產生的愧疚也較少。而教會面對各種縱慾罪慾時，常對此罪網開一面，因為教會本身也會犯下此罪，而且沒有太多顧忌。

格里蒙・德・拉雷涅，《饕客年鑑》，一八〇三年。

　　一八七一年巴黎公社起義遭到武力鎮壓，一位名叫芭比的女子遠走他鄉至挪威一個小鎮避難。她隨身只帶了一件行李、一張彩券和一封推薦函，順利進入一對單身姊妹家裡幫傭，而這對姊妹的父親在世時是路德會牧師。芭比為這個清教徒教區包辦大小雜務，在這個崇尚素簡節約、揚棄感官享樂的小鎮度過單調的十二個年頭。有一天，從法國來了一封信，通知她買的彩券中了頭獎一萬法郎。兩位年邁的女主人深信芭比會帶著這筆錢返回家鄉，於是答應芭比的要求，為慶祝牧師即將到來的百歲誕辰準備法式晚宴。受邀的賓客都來自這個路德會小教區，他們私底下儘管為準備工夫的隆重和來自法國的精緻食材嘖嘖稱奇，不過由於跟兩位姊妹有約在先，承諾絕口不提當晚的飲食。就在一八八三年十二月十五日這天晚上，鄭重的諾言終於敵不過穿流不息的珍饈佳釀，而神祕的芭比其實曾經貴為法蘭西第二帝國時期（1852－1870年）最受巴黎上流社會青睞的高級餐廳主廚。阿蒙蒂亞度酒（Amontillado）、梧玖莊園（Clos Vougeot）一八四六年分的葡萄佳釀、一八六〇年分的凱歌（Veuve Clicquot，克麗蔻寡婦）香檳、鮮龜湯、鵪鶉酥，以及葡萄、無花果、水蜜桃等新鮮水果，無不溫暖了賓主們的心情，使他們打開話匣子，並讓嚴肅的寓所頓時充滿歡愉的氣氛。賓

客們告別時都露出難為情的模樣，甚至有點慚愧。

　　無論是丹麥女作家凱倫‧布莉森（Karen Blixon）的原著《芭比的晚宴》（*Le Dîner de Babette*，1958年），或是嘉百利‧亞塞爾（Gabriel Axel）依據原著改編的電影《芭比的盛宴》（*Festin*，1987年），兩部作品都在探討一個尖銳的問題：味覺享樂在基督教世界的地位。芭比不僅身為法國人，更是手藝一流的廚師，當她引進講究舌尖快感的天主教餐飲文化，收留她的新教徒卻困惑得不知所措。其實自中世紀以降，天主教似乎相當包容佳餚美饌，而十六世紀的宗教改革家甚至將嗜吃美食視為羅馬教會墮落的證據之一，並嚴加撻伐。

中世紀教士大啖佳餚

　　故事詩、敘事詩、傳奇故事、寓言、敘事歌等盛行於中世紀的文學作品在描寫教士的貪饞時，也常提到他們同時犯下懶惰、色慾或妒嫉等其他罪孽。十二世紀時，這些罪愆也變成一種諷刺打油詩（poésie goliarde）的中心主題，到了十三世紀，goliard 這個形容詞甚至被用來指稱愛泡酒館、吃喝嫖賭樣樣來的浪蕩教士。雖然 goliard 一字的濫觴仍有待商榷，但有可能衍生自拉字文 gula（貪食）。

　　西方文學作品中一再出現教士貪饞的刻板形象，並在日後締造許多精彩人物且歷久不衰，「胖得跟議事司鐸一樣」變成家喻戶曉的諺語，即便在中世紀的「武訓之歌」詩文中也免不了出現這類人

物。名聞遐邇的遊俠騎士紀堯姆・德・歐蘭吉（Guillaume d'Orange）在四處征戰和歷經滄桑後，決定退隱江湖，遁入修道院。修道院內的修士們大啖美酒、麵包、魚肉（豬、孔雀和天鵝等肉類），根據《修隱中的紀堯姆》（Moniage de Guillaume）所描述，修道院的饗宴散發奢華的領主味遠比宗教福音味來得濃，甚至因為席上有孔雀和天鵝而充滿皇家貴氣，此外，這些貪婪、小氣又善嫉的修士抱怨紀堯姆胃口太好，迫使他們不得不減少食量，不過有道是「行善之前莫忘先善待自己」！

　　《讓・德・桑德雷》（Jehan de Saintré，1456年）這部小說裡有個小插曲，讓從軍擔任傳令官的法國諷刺詩作家安圖瓦・德・拉薩勒（Antoine de la Sale，約1385－1460）能藉機嘲諷天主教教會的另一個荒誕行為：美食齋戒。這種飲食模式只是按字面遵守教會規定的禁食戒律，卻無視於這些戒律為紀念耶穌受難而提倡的苦行和謙卑精神。四旬齋戒期間，愛獻殷勤的唐普修道院長（Abbé Damp）準備了魚、糕點、布丁和水果，設宴款待「美表姊王妃」。筵席上自然不見紅肉，不過菜餚依然豐盛、五花八門而且稀奇珍貴。魚類數量龐大、種類繁多，經過水煮、油炸、燒烤或製成烤魚醬，搭配味道辛香、色彩鮮豔、令中世紀名流雅士趨之若鶩的佐醬。處於齋戒期的賓客們不僅大飽眼福，更享盡口福！獻給美表姊王妃的饗宴預示了緊接著更為活色生香的歡愉，對辛香料的喜好無異召告春情即將蕩漾，就像諷刺又滑稽的故事詩《教士與貴婦》（Du prestre et de la dame）裡貪食又風流的教士恰巧也是嗜吃胡椒的老饕。羅馬教宗孛諾瓦十三世（Benoît XIII）的祕書尼古拉・德・

關於羅馬教宗利奧十世（Léon X，1475-1521）淫蕩的教廷生活諷刺漫畫，版畫，十六世紀初。

克拉蒙日（Nicolas de Clamanges）在其所著的《論教會之毀滅》（*Traité de la ruine de l'Église*，1401年）中抨擊「淫蕩的教士……大吃大喝，宴席不斷。」法蘭斯瓦·維隆（François Villon，1431－1463之後）的敘事歌《法蘭克·貢帖的辯駁》（*Les Contredits de Franc Gontier*）又說了什麼呢？詩人透過「一個鑰匙孔」觀察到「一個肥胖的議事司鐸」和一位美麗的貴婦在一個舒適的房間裡「嘻笑玩耍、打情罵俏和熱吻」，同時喝肉桂酒助興，那是一種添加辛香料的甜酒，據說有催情作用。讓·德·拉伯雷修士是中古世界的典型人物，既貪食又淫蕩，而這種人物的形象並非出於幻想，而是見證了教會在西方基督教世界的飲食地理中令人稱羨的特殊地位。教會機構不僅擁有土地，又接收信徒的饋贈，此外，一般人民有供養神職人員的義務，須繳實物稅給教會，亦即從農作物收成中抽取一部分交給教會。再者，中世紀末期西方教會不可否認地出現修道紀律放寬的現象，首先是允許加餐和加量，其次是在封齋前幾天所謂「油日」，亦即四旬齋戒期接近尾聲時，飲食支出和肉類的消費大幅增加。至於發了財的羅馬教廷簡直可說極盡奢華之能事，義大利寓言故事裡腦滿腸肥的教士人物即提供最佳實例。一位羅馬客棧老闆死後獲准在天堂入口繼續開業，不幸的是，教士們都沒被送上天堂，因此新開張的客棧門可羅雀，「番紅花燜雞湯、餡餅以及或濃烈或清淡的各式葡萄酒」落得沒人捧場，但路不轉人轉！店主把客棧搬到地獄去，找回以往的常客，生意卻好得不得了！這個故事出自佛蘭戈（Teofilo Folengo）的《巴杜斯》[1]（*Baldus*，1517年）。在法國境內，方濟會米歇爾·蒙儂（Michel Menot）修士因

為圖賴訥（Touraine）的議事司鐸貪圖美食一事氣憤不平，於一五
〇八年四旬節講道時訓斥：「信徒捐出的俸祿是供你們大吃大喝的
嗎？」

新教徒對教皇飲食嚴詞抨擊

　　相較於中世紀時期走溫和路線的反教權主義以滑稽嘲諷的手法
塑造出遊手好閒、大腹便便、好吃善飲因此也可能是好色之徒的教
士形象，宗教改革運動初期所出現的抨擊文獻對這個主題的呈現
猛然激化。「腹部是他們的神，美食是他們的宗教」，法國宗教改
革家約翰‧喀爾文（Jean Calvin）在一五三六年的《基督教要義》
（*Institution de la religion chrétienne*）中如此描述天主教士。十六世
紀的宗教改革家嚴厲指謫天主教會貪婪腐敗，透過著墨於教士對腹
部的崇拜，將他們描繪成荒淫、酗酒、愛吃、貪婪因此吝嗇的人。
新教抨擊文章的作家們繼續沿用以動物比喻貪食的寓言故事傳統，
狼常被用來代表天主教徒填不飽的肚皮，而且狼是綿羊的掠奪者，
這樣的比喻成功逆轉牧羊者的好形象，從而塑造出吃掉信徒的邪惡
教士圖像，並讓人聯想到信徒福音書作者馬太的警告：「你們要防
備假先知，他們到你們這裡來，外面披著羊皮，裡面卻是殘暴的
狼」（《馬太福音》7：15）。宗教改革家也援用其他侮辱性的動物形
象，如狗、猴子，尤其是豬。貶意濃厚的「公豬」一詞特別常用來

十六世紀的宗教
改革家嚴厲指謫
天主教會貪婪腐
敗，透過著墨於
教士對腹部的崇
拜，將他們描繪
成荒淫、酗酒、
愛吃、貪婪因此
吝嗇的人。

---

[1]《巴杜斯》這部故事詩描述主人公巴杜斯遭遇的各種冒險故事。

比喻貪吃又好色的修士與神父，而羅馬基督教徒的修道院和教堂也因此變成骯髒的豬圈。

於是，羅馬天主教會在荒淫糜爛的泥濘中打滾，儼然是一間巨大廚房，犧牲人民的利益，只顧養肥旗下的神職人員。在瑞士宗教改革家皮耶埃‧維荷（Pierre Viret）的著作《天主教廚房的放蕩基督徒》（*Les Satyres chrestiennes de la cuisine papale*，1560 年）中，好吃善飲的教士被描繪成「舔油盤」、「刀子嘴」、「夾肉鉗」、「吸湯盤」、「吮羹盤」、「啜酒杯」，「有如審判官的大胃王教士」則嚴密監督這個「美好」的羅馬天主教界維持一脈相傳的「道統」。德國畫家彼得‧弗洛特納（Peter Flötner）有一幅版畫作品（1535 年左右），描繪天主教的節慶遊行隊伍那些教士都神情莊嚴，不過手裡拿的不是聖髑而是烤家禽、香腸、裝滿葡萄酒的羊皮袋。

在廚房上面做文章不僅直指教士愛好美食，也影射教會的貪汙作風，例如非法買賣教士寓所或聖物，甚至販售號稱能縮短煉獄時間的贖罪券。廚房的意象也可能是用來召喚出中世紀的地獄圖像，並且重新援引先知以西結用廚房做譬喻的詩句：「殘酷凶暴的城市要遭殃了，它是長滿鏽的鍋子，這些鏽斑怎麼也刷不掉！」（《以西結書》24：6）。如果殘酷凶暴的城市指的是文藝復興與好戰教皇時期的羅馬城，那個傾倒在地、長滿鐵鏽的鍋子則預見了羅馬教皇頭上的三重冕。

大腹神學家

　　一五一八年馬丁‧路德發明了一個新詞彙「大腹神學家」（théologastre），並在基督教人文主義學家的論著和最早支持宗教改革的學者之間廣為流傳。許多批評文章、版畫在描繪這些貪食者的外形時會在肚子上大作文章，對約翰‧喀爾文而言，天主教的修士都是一些「遊手好閒的肚囊」、「好吃懶做的腸胃」，活像「吃得好又沒事幹的大公牛」。法國新教胡格諾派打油歌謠故意讓「grands chartreux」（偉大修士）和「grands ventreux」（大肚皮兒）押韻（1555年），並形容修道院院長「肥得像牛犢」（1546年），於是熱衷美食的教士都成了「下流肚子」、「超級惡魔肚」。

　　路德寫了一篇短文，對照耶穌與教皇的生活，搭配老盧卡斯‧克拉納赫（Lucas Cranach）繪製的三十五幅版畫，取名為《耶穌基督和羅馬教宗的事蹟》（*Les Faitz de Jésus-Christ et du Pape*，1539年）。其中一幅如下一頁右下圖所示，耶穌代神向一群男女和小孩說話，這些聽眾神情專注，不難猜到他們受到啟示。左圖則描繪著戴著三重冕的教皇與賓客一起對著豐盛的食物大快朵頤，有人奏樂，有小丑表演娛樂，教皇啜飲一杯酒，一名侍者端來三盤食物，不難猜測都是山珍海味，而那三個貴重金屬製成的盤子也讓人不禁聯想到三重冕。教皇和賓客們——一位主教、一位修士以及兩位八成是銀行家的世俗人士——身材都很肥胖，甚至胖到長出三層垂盪的下巴。這幅版畫強調羅馬教廷神職人員的好吃貪飲，描繪臉孔醜怪如猴孫的人物正在高談闊論，似乎影射他們不知矜持，犯下口舌

的罪愆。第一幅版畫名為「耶穌給他的羊群青草吃」，第二幅版畫名為「教皇只有一群貪吃的教士」，兩相押韻，而且老盧卡斯・克拉納赫透過版畫所傳遞的訊息很清楚：耶穌原想傳達給信徒的訊息被一群貪婪好色的教士給扭曲了，而這些教士僅以追求肉體歡愉與物質上的奢華為目標，所以版畫所描繪的其實是淪落得奢靡淫蕩的教會[2]。德國宗教改革家梅蘭希通（Mélancheton，1497－1590）的抨擊文章《神奇怪獸之一 —— 教皇驢子和之二 —— 修士牛犢》（1557年）也在插畫中表現相同的控訴，把教皇驢子這隻怪獸的肚子描繪成教皇和「所有教士……以及教皇身邊那些肚子塞滿肥肉的權杆和豬仔們」的軀體。

不只是新教的抨擊性文章喜歡在肚子上面做文章，肚子也出現在天主教反對宗教改革派的宣傳冊子上，只不過著重好色勝於貪食。宗教改革運動初期還俗的教士不就馬上步入婚姻生活？按照死

老盧卡斯・克拉納赫（Lucas Cranach），《耶穌基督和羅馬教宗的事蹟》插畫，一五三九年。

硬派天主教修士波薩米（Beauxamis）的說法，路德和喀爾文都承認自己寧可拋棄美食，也不能沒有女人，而且儘管如此，路德臃腫的體型以及他所寫的《談餐飲》（*Propos de table*）依然顯示出他好吃善飲的一面，對於這一點，天主教抨擊文章的作家們自然不會默不吭聲。十六世紀末德國出現一幅版畫，畫裡路德推著手推車，他那圓滾滾的肚皮裝在手堆車上，而他的妻子則一身修女打扮跟在後面。正如這幅版畫所描繪的情景，天主教的抨擊文章大肆渲染當過修士的路德行為放蕩，同時強調他變胖的身材，表示他嗜喝啤酒，更指謫他跟曾經是修女的凱薩琳・波拉的結合。一六一七年，馬丁路德宗教改革百年紀念大會──意即路德發表《九十五條論證》滿一百年──盛大舉行，而天主教徒為了嘲諷這個節日，在德語地區散發的宣傳單故意把路德的宗教信仰簡化成一杯啤酒。

美食齋戒：假惺惺的天主教徒以齋戒之名大啖佳餚

　　身為清教徒的蘇利公爵（1559－1641）在他的《回憶錄》中沾沾自喜不沾「糖果、辛香醬料、糕點、果醬、肉類製成的食物、酒、甜食，也從不戀棧鋪張奢侈的筵席。」這位甚受亨利四世信賴的大臣所留下的文獻雖不脫傳統看法，將烹飪藝術批評為子虛烏有的藝術（蘇格拉底即已發表類似的言論），但更重要的是，我們能從中了解他在對瓦洛王朝末年日益敗壞的宮廷習俗進行道德

---

2 根據聖經故事，巴比倫崇尚所有為教會所不齒的價值，譬如美食享樂、肉體歡愉。

批判，以及斥責天主教教徒的偽善作風。布希亞－薩瓦蘭（Brillat-Savarin）家喻戶曉的名言「告訴我你吃什麼，我就告訴你你是什麼人」，一語道中在當時的現代歐洲已經掀起的宗教衝突浪潮，而在今天的世局中聽來也格外令人警惕。

從基督教人文主義者和宗教改革者陸續流傳下來的文獻看來，天主教徒於齋戒期間大啖美食的行為充分顯現其信仰的有名無實。理應節食期間，天主教的菁英分子大快朵頤地享用最鮮嫩的魚肉，甚至請人料理「因緣巧合」得來的龜、海狸、海番鴨、黑雁、田螺、田雞等。源自中世紀的「齋戒期美食料理」在整個十六、十七世紀期間風行於法國和義大利兩地。

中世紀末期以後，料理作品必定提供適宜齋戒期間享用的肉餡做法。天主教界出版的現代烹飪書籍遵循傳統，針對非四旬齋期、四旬齋期以及耶穌受難日等齋戒日開出不同食譜。翻開十七世紀最知名的法國烹飪書《法蘭西廚師》（*Le Cuisinier françois*，1651年），我們可以看到這樣的菜色：螯蝦濃湯、牡蠣濃湯、蘆筍濃湯，高湯汆燙的螯龍蝦和大龍蝦，以少許肉豆蔻提味的焗烤牡蠣，或用洋蔥、香芹、酸豆、麵包粉一起煎炒並燉煮而成的牡蠣鍋，塞滿酸模烘烤的舌鰨……該書竟能為禁食期提供如此豐富又教人食指大動的料理花樣！

「就滿足味覺器官來說，魚並不比最精緻的肉類差，魚其實是最可口的食物，是大自然最美妙的獻禮，是水所能提供的最愉悅的食材，牠讓食物的選擇變得更豐富，並滿足我們的口腹之欲。」

十七世紀末安東尼歐・拉堤尼（Antonio Latini）在其所著的

《現代管家》（*Scalco alla moderna*）中在這樣大力推崇魚肉風味後，才開始提及四旬齋期間與魚肉相關的宗教誡律。在天主教菁英的菜單中，符合齋戒規定與顧及飲食樂趣不再是兩件互不相容的事。「（法國大革命之前）那段時期產生的真正傑作，是為齋戒日所設計的別出心裁的簡餐，雖然嚴謹遵循使徒教義，但看起來卻無疑是一頓美味的晚餐。」波旁復辟時期的美食家布希亞－薩瓦蘭生花妙筆地寫道。

　　伊拉斯謨（Erasme）斬釘截鐵地譴責天主教徒實行的這種美食齋戒。他在《以魚為食》（*Ichityophagie*，1518年）中寫道：「（這些教徒們是在）上帝與自己的肚囊間應付四旬齋。」他認為實行齋戒而衍生的弊端多過優點，甚至要求取消已經有名無實的齋戒：「對於富貴人家而言，自由改變飲食可以滋生更多樂趣，更是對抗厭食的良藥，而他們在禁肉期間可以發現更多美妙的食物。」（《禁肉令》〔*De interdicto esu carnium*〕）。路德則在《談飲食》中描述一位到義大利異鄉作客的旅人夜宿客棧時適逢齋戒日，店主問他要吃一般晚餐或齋戒簡餐，這位旅客點了以數條烤焦的鯡魚組成的一般晚餐：

　　「然而齋戒簡餐的餐桌上卻擺了花樣豐富、令人垂涎的魚肉，還有葡萄乾、無花果、果醬、蜜餞等，這都是特別為打算齋戒的客人所準備的食物，外加一瓶美酒佐餐，名曰齋戒簡餐其實根本就是假惺惺，魔鬼甚至藏身底下暗自竊笑。」

　　喀爾文也嚴厲撻伐虛有其名的天主教四旬齋：「這段期間除了不能吃肉，卻有取之不竭、用之不盡的人間珍饈。」（《基督教要

義》）一個世紀後，胡格諾派信徒塔爾芒・德・黑歐（Tallemant des Réaux，1619－1692）描述了一個故事嘲諷天主教：有個教士想命令一位已為人夫和人父的馬車夫齋戒八天，但馬車夫堅持不從，抗議說他不想傾家蕩產，因為他親眼見識到「老爺和夫人四旬期間施行齋戒，吃木瓜醬、威廉斯梨、米飯、波菜、葡萄、無花果等」！不過新教徒其實不排斥齋戒，只是認為應該打從心底身體力行。新教齋戒首重簡單而適量的飲食，亦即懂得節制和自我約束；新教徒認為齋戒的意義在於有節制地飲食並持之以恆，不一定非得禁肉不可，但必須避免暴飲暴食，更不得貪圖肉慾和感官享樂。

新教徒拒絕口腹之欲？

不同於歐洲大陸的料理文集，西元十七、十八世紀的英國烹飪書以提供簡樸節儉的料理為主。

「但願食物的烹調以滿足自然天性為原則而非迎合我們的一時喜好，但願食物能平息饑餓而非喚醒新的食慾，但願食物的原料取自自家花園而不是來自市集，但願食物是因為為人熟悉而顯得彌足珍貴，而並不因為稀奇罕見或來自遙遠的國度。」

以上是傑維茲・馬克漢（Gervase Markham）給予良家婦女的忠告（《英國家庭主婦》〔The English Hus-wife〕，1615年），而這類拒絕揮霍和講求節儉的主張，也出現在極為罕見的英國宮廷料理文集，可視為對法國料理方式的反撲，藉此與十七世紀起在歐洲逐漸稱霸的法國料裡劃清界線。英國料理書的主要動機是反對過於精

一群修士和修女坐在一個魔鬼的嘴裡豪吃暴飲，魔鬼則坐在一封赦免信上的情景，版畫，疑為馬蒂亞斯‧格隆（Matthias Gerung）所畫，十六世紀初。

代表法國人的小主子體弱多病，因為吃了太多的田螺和蔬菜等典型的法式天主教食物，這些食物缺乏營養因此有害健康。

緻華美且貴得離譜的法式料理，字裡行間將羅馬天主教、君主專制和法式料理混為一談，彷彿這三個層面都是虛偽的藝術、天性的墮落，是同一種毒藥的三張面孔，要小心防備。十八世紀的英國諷刺漫畫家描繪象徵英國人的「約翰牛」大啖一大塊半生不熟的牛肉，來表示英國料理講究簡單的原則卻保證吃出健康。相反地，這些漫畫家卻創造出一個小主子的形象來代表法國人，他體弱多病，因為吃了太多的田螺和蔬菜等典型的法式天主教食物，這些食物缺乏營養因此有害健康。

儘管斯圖亞特王朝最後幾代國王力行君主專制，但是英國不曾發展出真正的宮廷料理，這反而讓紳士和富農階級的料理享有自己的盛譽。因此，英國料理所表現的社會階級觀念不如法國料理那麼顯著。英王詹姆斯二世退位（1688年）二十年後，宮廷料理依舊引人非議，廚師派屈克·蘭伯（Patrick Lamb）在為他的《皇家料理大全》（*Royal Cookery*，1710年）寫序文時已經預言該書勢將遭到攻擊：

「這些生活嚴峻的苦修人耶誕節時施行齋戒，花錢買菜時總是錙銖必較，我們不會期待他們買這本看起來一副貪饞樣的書，他們或許會以為分量多就很豪華，不必靠食譜來提味和教導。不過由於邪惡的味蕾不懂怎麼做個食物口味的好裁判，如果讓兩三個憤世嫉俗、愛發牢騷的傢伙扭曲『吃得好』的真諦就太可惜了。此外，作者並無意透過此書發展暴食藝術，或教導富人和懶人增胖的藝術……」

這篇序文裡的「生活嚴峻的苦修人」指的是清教徒嗎？英法兩

國學界經常對英國清教主義在此間發揮多少影響進行探討，至今結論依然見仁見智。然而我們所知的是，在一六五〇年代克倫威爾掌權期間，感官享樂的確備受壓抑，而倫敦美食享樂主義者皮普斯（Samuel Pepys）則在其《日記》（1660－1669）中記錄了英國君主復辟最初十年重新講究美饌珍饈等世俗樂趣的現象。社會學家曼紐爾（Stephen Mennell）比較英法兩地的飲食，認為「英國十九世紀家常菜書籍所舉出的菜餚顯得單調，尤其缺乏對餐桌樂趣的基本概念，這種說法言不為過。」英國文化模式反對任何帶有天主教、君主專制和宮廷文化等色彩的表現形式，因此在歐洲的近代時期（十六到十八世紀），英國「順理成章」地排斥由法國及義大利所代表的美食藝術，然而在法義兩地，料理不只是一門生活藝術和聊天的話題，更是美術創作的重要支脈。在法國，資產階級模仿由宮廷所形塑的貴族階級，而英國不像法國，它缺乏這種資產階級模仿貴族的社會氛圍，而正是這種氛圍造就了美食藝術的發光發熱。不過這不代表英國人完全缺乏享受美食的情趣，他們對甜點的喜愛不就讓歐洲其他國家望塵莫及嗎？中世紀末期英國人即以嗜甜著稱，到了近代，他們在宗教上的抉擇雖然幾經改變，但卻一直忠於對糖的喜愛，從未變心。

直到今天，以新教文化為背景的北歐和以天主教文化為底蘊的南歐，人與餐飲和美食樂趣之間的關係依然有明顯不同。在丹麥，豬肉之所以大受歡迎，跟它的味道無關，而是因為這種肉在質地上的可塑性讓肉販能順利做出肉丁、肉絲、香腸、肉球（frikadeller）等。肉品讓人的感官覺察到的特性並不要緊，重要的是它提供的養

分和蛋白質。由社會學家費席勒（Claude Fischler）指導的最新調查顯示，義大利人和法國人認為吃得好也包含感官享樂、與人共享共鳴以及風土等概念，而英國人則覺得吃得好的意義在於食物提供的養分、維他命和機能。該調查也顯示出法國人是從烹飪藝術的觀點思考飲食，而英國人則是從食物（food）或食材（foods）的角度定義飲食。這種大異其趣的看法除了跟地理因素有關（歐洲北部不像法國或義大利擁有如此豐富和多樣的風土條件），宗教上的分裂似乎也扮演舉足輕重的角色。

　　「法國矛盾」（French paradox）和「地中海飲食法」所含的倫理和宗教性價值評斷可供說明這個現象。這兩套概念是二十世紀末期英美研究人員依據兩種能有效降低心血管疾病的飲食法所建立：「法國矛盾」建立在法國西南部的飲食基礎上，這個地區的餐飲以

清教徒嚴謹樸實的餐會。亞伯拉罕·博斯（Abraham Bosse），版畫，約一六三五年，法國國家圖書館，巴黎。

葡萄酒、油封肉餡、鵝油、用餐時間漫長等聞名於世;「地中海飲食」則跟隨克里特飲食傳統,以水果、蔬菜、橄欖油、魚等為主。一方面,「地中海飲食法」極力歌頌粗茶淡飯和蔬食的好處,另一方面,「法國矛盾」引發關於大啖美食的道德譴責,但駭人聽聞的是,這種吃法竟能帶來更健康的身體!

信奉天主教、熱衷餐桌上交流的南歐希望透過飲食達到享樂的目的,似乎和注重飲食衛生、營養和個人主義,並以新教為主的北歐產生強烈的對比。除了既定的成見和價值評斷外,我們不得不體認到這兩種迥異的餐飲文化,卻也分別代表了在宗教改革的衝撞之下所形成的宗教疆域。這個結論驅使我們進一步探索天主教倫理和美食樂趣之間是否有一定的關係。

天主教世界是否縱情感官之欲?

十六至十八世紀的近代天主教士不僅繼續被視為美食愛好者——而這顯然絕非毫無緣由——宗教團體更親身參與優質食材的生產及珍饈美饌的製造。特倫托會議(concile de Trente,1545－1563)所公布的宗教人員禮儀規範的確承認修士能夠從事某些手工藝活動,譬如花草植物的蒸餾、果醬和蜜餞的製作並不違背教士身分,況且,擁有園藝專長是成為好教士的必備條件。至於修道院都擁有花園和農地,而從事手工藝、使用糖、雞蛋或麵粉等都不算違反教規,因此許多修道院在栽培蔬果、製造甜點、鹹食、乳酪、啤酒、葡萄酒、香甜酒等有口皆碑。格里蒙·德·拉雷涅在《饕客年

鑑》（1803－1812）每一冊中都深情追憶那些反對宗教改革的天主教修女在法國大革命前夕釀造的美味點心，譬如普瓦西（Poissy）的甜麻花（糖和甘草汁做成的麵糰，形狀有如彎曲交錯的小棍子）、莫雷（Moret）的麥芽糖、里昂的橙花果醬、艾克桑－普羅旺斯的夾餡橄欖、巴黎的杏仁蛋糕和白甘草露千層酥等。

我們也要特別指出天主教教會在巧克力的「發明」和它能順利地在歐洲各地傳播開來所扮演的重要角色。一般以為是坐落於墨西哥瓦哈卡（Oaxaca）的加爾默羅修會首先想到在阿茲特克可可粉中加入蔗糖，抵消苦味後便順利征服西方人的味蕾，也因此有一段時間，巧克力被稱為「瓦哈卡的珍饈」。第一批可可豆很可能是聖母瑪麗亞修會傳教士奧爾梅多（Olmedo）於一五二八年傳入西班牙，隨後可可豆在西班牙黃金世紀期間的傳播全仰賴教會團體。義大利翁布里亞、托斯卡尼、威尼托的方濟各會和伊比利半島上的方濟各會相互友好的關係也對巧克力在義大利盛行起來功不可沒。一六二四年，德國神學家尤安・法蘭茲（Joan Franz）曾抱怨自從修道院引進這種熱騰騰的飲料後便開始放縱起來……

貪饞罪不同於色慾，更遠不及貪婪，它被歐洲近代天主教傳教士視為次要的罪愆。然而儘管如此，天主教界不時仍會抑制飲食的樂趣。從文藝復興時期起至十九世紀初，近代史上掀起一股天主教界的肅清運動，將精緻美食拒於門外。面對美食家路易十五精緻的晚餐，科薩（Laurent-Joseph Cossart，1753－1802）神父不惜譴責貪食，「對美食的愛好……因為耽迷感官之樂，而貪圖所有能取悅味覺的享受，一言以蔽之就是優雅的貪食之罪，因為它專屬於某種

階級的貴人而不致於令人羞愧……人類被創造出來難道是為了追求感官之樂？」在法國逐漸發展出新型料理的同時，巴黎皇家港修道院（abbaye de Port-Royal）以清簡餐飲建立典範。修女終年守四旬齋，完全不吃肉，只食用蔬菜，或做成菜湯或沙拉，再加上水果、蛋和少量魚。至於四旬節期間，嚴禁在下午六時前進食，而一天唯一的一餐只吃菜湯、「地下根莖」（西方人所能想像到的最粗糙的蔬菜）和水。冬天時餐室不會升火，用餐時必須保持沉默，以便完全浸潤在被人高聲朗誦的《新約聖經》裡。在蘭瑟（Rancé）修道院長（1626－1700）的嚴厲改革下，苦修士也得遵循極為嚴謹的飲食制度，禁止食肉、魚、蛋、白麵包和酒。高迪歐神父（Enrico da San Bartolomeo del Gaudio）制訂的那不勒斯條約——《心靈管家》（*Lo scalco spirituale*，1644年）則明令要抗拒所有取悅味覺的美食，追求無食慾的境界，從而發揚齋戒與禁食的基督理念。

「還有什麼比淪為口腹之欲的奴才更為可恥？」生活簡樸的安特衛普耶穌會會士拉修斯（Léonard Lessius）問道。必須巧施詭計才能戰勝口腹之欲，避免看見和聞到香噴噴的肉，更理想者，試著想像每道佳餚不久後將發出惡臭或令人作嘔的樣子，而能轉頭而去，以上是拉修斯給予神職人員和世俗上流人士的訓示。這些訓示以拉丁文寫成，於一六一七年在安特衛普首度出版，後來被譯成法文，和另一位以簡樸生活著稱的威尼斯人科納羅（Cornaro）教士的著作《論樸實的生活》（*Discorsi intorno alla vita sobria*，1558年）一起出版。

天主教教化人心的作品繼續讚揚聖徒賢達身體力行禁食的美

天主教上流社會的饗宴之樂。讓一法藍斯瓦・德・特洛伊（Jean-François de Troy）,《牡蠣午餐》,一七三五年,孔岱美術館（Musée de Condé）。

德。這些人皈依成虔誠教徒的故事常穿插齋戒禁慾的事蹟，譬如凱撒・德・布斯（César de Bus，1544-1607）在快滿十四歲時聽見神的呼喚，而決定四旬節期間全程守齋，或是珍妮－法蘭絲瓦茲・德・尚塔（Jeanne-Françoise de Chantal）在丈夫於一六〇一年意外身故後，每逢週五及週六都吃齋茹素。故意吃令人厭惡的食物（如珍妮－法蘭絲瓦茲・德・尚塔）、在菜餚裡添加苦澀的成分（如文森・德・保羅）甚至穢物（如阿涅絲・德・耶穌），藉由禁食苦修成聖人的管道形形色色，拒絕增強體力的食物（肉和精緻的醬料）而改吃窮人食糧（麩皮麵包、粥、蘿蔔）也是皈依正道的徵兆，耶穌會會士安東・波士（Antoine Boschet）指出布列塔尼亞的傳教士朱里安・莫諾瓦（Julien Maunoir）「在農人家裡吃到黑麥餅所得到的快樂，比違背本意地在筵席上吃到精緻菜餚所獲得的樂趣更勝一疇」（見《完美的傳教士或朱里安・莫諾瓦的一生》〔*Le Parfait Missionnaire ou la vie du R. P. Julien Maunoir*〕，1697年）。力求生活簡樸和拒絕精緻美食都有助於在尋常的食物中找回「我們應在其中尋回的真實滋味和樂趣」（拉修斯，1617年），亦即得到大自然真理的樂趣。從中世紀聖徒列傳到舊體制時期（法國大革命前）啟迪人心的飲食故事，人的飲食行為確實有一脈相承的延續性，不過，十七、十八世紀的生活方式轉而注重社會實用性或追求公共利益，厭食逐漸被視為一種病，而不再是神聖的象徵了。

齋戒的規定逐漸放寬

　　天主教界也很清楚人文主義者和清教徒對所謂美食齋戒的批評確實有其根據，例如里昂傳教士讓・班內蒂克堤（Jean Benedicti）即承認「是有幾位天主教徒以齋戒之名行享樂之實」（《罪孽及其療法通論》〔*La Somme des péchés et remèdes d'iceux*〕，1600年）。理論上，齋戒日每天只能進餐一次，但實際上會增加點心分量，使真正的齋戒簡餐儼然成為第二頓餐食。齋戒簡餐理應簡單清淡，以麵包、水、酒和水果為主，卻常演變成順道享用甜點的好時機。譬如西元一七二五年的耶誕前夕，位於東儂（Thonon）的聖母往見會修女們如常嚴守齋戒規定，正餐只吃刺菜薊的梗、馬鈴薯和豌豆湯，但到了晚上的點心時間，卻大啖塗上果醬的蜂窩餅。儘管糖的醫療色彩已經淡化，而逐漸變成風雅世界裡的要角，中世紀以來的齋戒期間一直通融吃糖，譬如羅馬醫生保羅・薩嘉（Paolo Zacchia）就曾寫道：「齋戒期間開始用餐時，習慣上會吃一些加了蜂蜜甚至是糖的食物」（《四旬節的餐飲》〔*Il vitto quaresimale*〕，羅馬，1636年）。醫學教授尼古拉・安德利（Nicolas Andry）也在其《四旬節的飲食約法》（*Traité des alimens de Caresme*）中記述：「人們不只在用餐時吃糖，也能隨身攜帶各種糖以便隨時取用。」

　　天主教會的禁食戒律也針對個人或團體做了許多變通，譬如未滿二十一歲的年輕人、孕婦、正在哺乳的婦女、老人，以及定義模糊容易發生濫用之嫌的類別——病人，「於是甲因為生病所以不能齋戒，而乙因為生過病所以不能齋戒，丙也不能齋戒，為的是

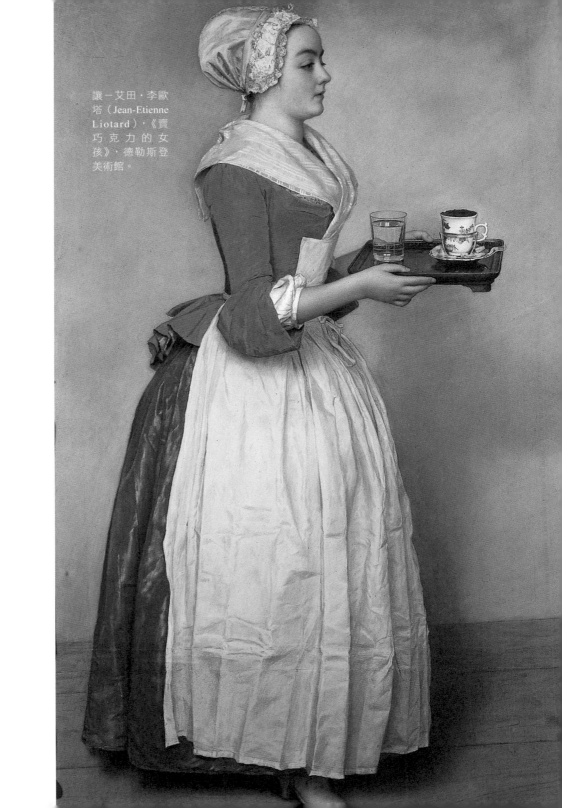

讓—艾田·李歐
塔（Jean-Etienne
Liotard），《賣
巧克力的女
孩》，德勒斯登
美術館。

怕會生病」（布希亞－薩瓦蘭，1826年）。帕斯卡（Pascal，1623－1662）在《致外省人信札》（*Provinciales*）的第五封信（一六五六年的四旬節）裡援引例子詆毀耶穌會會士道德淪喪，指出許多「好好神父」為了討好信眾而放寬齋戒戒律。他的論辯依據是耶穌會神父艾斯寇巴（Antonio de Escobar y Mendoza，1589－1669）所編纂的決疑對話集，其中有這一段：

「我們是否能在齋戒時任憑一時喜好隨時喝酒，甚至大量飲酒？可以，甚至能喝肉桂酒。『我不記得能喝肉桂酒』，他說，『我得把它放進道德箴言集裡』。『艾斯寇巴真是個老實人啊』，我跟他說。『大家都喜歡他』，神父說，『他總能提出那麼好的問題！』」

另一個縱容的例子是法國教士貝多‧貝登（Bertaut Bertin）與教會長老立場相左，宣稱以追求美食的愉悅為目的並不為過（《給聽人懺悔的神甫的諫言》〔*Cathéchisme des confesseurs*〕，1634年）。

齋戒與巧克力

醫學當局和天主教會的道德當局其實對巧克力的屬性看法莫衷一是

然而吃巧克力是否會中斷聖體齋戒？這個問題將在十七世紀被提出來熱烈討論，以決定巧克力是不是可以和水、啤酒、葡萄酒一樣，因為能止渴而容許在齋戒期飲用？還是一種太過營養，甚至會引起興奮而該被禁止的飲料？醫學當局和天主教會的道德當局其實對巧克力的屬性看法莫衷一是，而且西方對這種新世界飲品有一種迷戀，把它幻想成肉慾、豐盈、感官情趣的化身，此外，西班牙地區為了讓巧克力變得更濃厚更香醇，會在與水或牛奶調合的可可粉

中加入糖、榛果粉或杏仁粉、香草、肉桂甚至雞蛋。關於巧克力的爭論於大西洋兩岸的西班牙語區越來越風行，而且在受修道誓約約束的神職人員和在俗神職人員之間都大受歡迎，因此再度丟出這個天主教世界的棘手問題：禁食齋戒期間是否能包容口腹之快。

十三世紀時神學家托瑪斯・阿奎納宣布喝飲品並不會打斷齋戒，於是專門研究決疑問題的教士如西班牙托雷多（Toledo）神學家托瑪・胡塔多（Tomas Hurtado，1570－1649）、耶穌會神父艾斯寇巴都以此為依據，認為齋戒日能喝巧克力，只要飲用者的意圖不是為了維持體力或違反教規——意圖是判斷罪孽嚴重程度的關鍵——而且飲用量適中，是用水而非用牛奶調製，也不加辛香料和蛋。他們也同意如果信徒是為了治病，可飲用巧克力而不必覺得觸犯禁令，譬如多明我會傳教士托瑪・加日（Thomas Gage，約1603－1656）在《西印度群島的新關係》（*Nouvelle Relation des Indes Occidentales*）中寫道，新西班牙（即今墨西哥）恰帕斯州的克里奧爾[3]上流社會婦女在彌撒時會以胃部虛弱為由請人準備熱巧克力，同樣地，在歐洲，巧克力被公認能滋養胃部，很可能只是為了滿足口腹之欲而拿醫療功效當幌子。

因此，如同那不勒斯主教布蘭卡丘（Francesco Maria Brancaccio，1592－1675）在他的著作《抨擊巧克力飲品》（*De chocolatis potu diatribe*，羅馬，1664年）中所記載，教會的官方立場認定巧克力是一種飲料，但照西方醫學看法，巧克力是一種營養

---

[3] 克里奧爾（creole）是指安地列斯群島及其他熱帶或亞熱帶地區的白種殖民者後裔。

價值極高的異國飲料。在關於巧克力醫療效果，特別是其營養價值的爭辯中，醫界最後表明了立場。十六世紀末，加德納斯（Juan de Cardenas，1563－約1610）即已提出「根據正確的神學和醫學的標準」，巧克力完全破壞齋戒。四十年後，西班牙塞維利亞（Sevilla）醫師海勒迪亞（Gaspard Caldera de Heredia，1591－1663）也做了相似的結論：在與神進行交流之前絕對不可以喝巧克力。

酗酒，真正的貪饞罪

天主教會對於飲食享樂的態度似乎在縱容和嚴厲之間搖擺不定，但主要取決於「貪饞」的定義。反對宗教改革運動的天主教當局主要反對貪食行為，其中包括縱酒、狼吞虎嚥以及舉止低俗。在一七五七年出版的《聽告解之學》（Sciences des confesseurs）第四講中，蒙仁（Mangin）修道院院長就貪食為題主講，他開宗明義就為這個罪孽下定義，說明它之所以成為宗罪是因為「經常會引起五種不良作用」，接著痛斥這些不良作用都來自同一個根源：縱酒。對於天主教道德當局而言，貪食這個議題主要是提供撻伐酗酒的機會；在舊體制時期的最後兩百年，酗酒這個問題變得日益嚴重。一七四七年凱撒琳‧維勒‧德‧比利（Catherine Viller de Billy，1682－1758）為了幫助「粗鄙」的鄉下人順利參加聖禮而開訓，她的訓示內容經過主教正式批准，簡明扼要地表達天主教教會的立場，慎重強調「貪食中最危險也最可恥的是酗酒，而飲酒過量或喝到失去理智的地步即為縱酒」。她先解釋貪饞罪的涵義，接著提出

《我為大家而喝》，法國反天主教會的諷刺漫畫，十九世紀初。

具體的例子，其實就是酗酒，因為「這是鄉村最常見的墮落行為，也是一般人較容易犯的罪過，我的意思是指導致縱酒的貪饞行為」。

縱酒被嚴厲批評為足以使人言語低俗（助酒歌、淫言穢語）、行為淫蕩（舉止猥褻、婚外性行為）。因此雖未被列入十誡，但作為宗罪的「貪食」卻可能觸犯其中三誡，也就是：第三誡（要謹守安息日，虔誠地為神服務），我們能從這一誡看出為何教會極力反對信徒在放假日上酒館；第六誡（不可姦淫）和第九誡（結婚後才能發生肉體行為）。

天主教教會將飲食享樂除罪化

如果享受飲食樂趣但沒有發生行為不檢點的情事，又不會刺激感官、放蕩縱慾，天主教教會不認為「愛好美食」有何不妥。

天主教會一方面對酗酒嚴加譴責，一方面對已跟今天的美食主義涵義雷同的「貪饞」行為更為通融，他們雖然大加整頓內部神父和修士的酗酒醜聞，不過對喜愛珍饌美食的老饕毫無異議。如果享受飲食樂趣但沒有發生行為不檢點的情事，又不會刺激感官、放蕩縱慾，天主教教會不認為「愛好美食」有何不妥。一七〇六年由蒙佩里埃主教科貝（Charles-Joachim Colbert）授命編纂的教理課本告訴信眾「貪饞」是對飲食有一種放縱無度的喜愛。「問：為何您說『放縱無度的喜愛』？答：為了讓信眾知道，對於飲食的喜愛也有可能是適度而有所節制的。」

由於人的味覺樂趣原本就出自神的意欲，這種喜愛顯得更加合情合理。基督教的天意說明顯淡化貪饞的罪過，神學家龐塔（Jean Pontas，1638－1728）在其於十八世紀期間不斷再版的重要作品

《決疑論辭典》（*Dictionnaire des cas de conscience*，1715年）中，提出一個已獲解決的案例，充分表明教會寬容的立場：「西多尼厄斯（虛構人物）用餐時習於吃到心滿意足，以便細細品味酒菜，而如果他並未暴飲暴食到造成身體不適，他是否犯了罪？」神的旨意以及基督教規中並沒有非得遵守不可的禁食令，這些因素的確有利於西多尼厄斯：

「因為，如果飲食不是為了追求享樂，如果飲食是為了恢復體力和維持健康，我們確實能夠不帶罪惡感甚至有意地感受到神賦予飲食行為的喜悅。」

無疑地，人感受到的喜悅是出於神的旨意，人因此更有意欲進食並補充體力，進而達到維持生命的目的。食物的風味來自神的旨意，而口腹之樂也同樣經過神的允許，它們既符合生理的需要，並服從天意「增長和繁衍」，就像作家聖皮耶埃（Bernardin de Saint-Pierre）所描寫，甜瓜清晰可見的美麗紋路是為了誘導闔家共享（《研究大自然》〔*Études de la nature*〕，1784年）。耶穌會神父文森・伍德利（Vincent Houdry，1630－1729）寫道：

「大自然要求我們必須藉由食物維持生命，因此我們相信應該順其自然，另一方面，大自然賦予飲食感官愉悅，如果缺乏樂趣，我們將像厭惡藥物般地厭惡食物。」

早在中世紀時，神學家托瑪斯・阿奎納的作品就已出現相似的論調，對去除美食享樂的罪惡感有推波助瀾之功。「我們從那麼慷慨大方的一方得到如此多的好處，因此，知道如何以最完美的方式運用這些好處，不正是對祂致意的表現嗎？」《皇家與布爾喬亞的

廚師》（*Cuisiner roïal et bourgeois*，1691年）裡那位不具名的序文作者頗有見地地提出神意說以及基督教文化的禮儀規範，藉此為法國上流社會菁英熱衷珍饈美食做辯解。天主教界利用「貪食」這個概念的曖昧性去除美食享樂的罪名，聆聽告解指南刻意只選用貪饞的其中一種涵義，成功把罪過推卸到狼吞虎嚥和縱酒的人身上，而不必責難那些講究美食的人。決疑導師同意飲食可能帶來許多實實在在的樂趣，他們迴避美食齋戒的話題，也不認為齋戒簡餐演變成齋戒日第二餐的普遍現象有所不妥。不過，如果追求精緻佳餚是用餐的唯一目的，如果食量不知節制超過必需性，講究飲食的人便犯了貪食罪。許多神職人員利用「必需性」這個極為模糊的概念為愛好美食找到藉口。此外，天主教教會認可菜餚和飲品的質量必須適當反映賓客的出身、身分和社會階級。神職人員該不該接受「太多餐點」？當餐飲「太豐盛、太精緻……或太享樂」，美食會不會變成一種罪孽？聆聽告解的神父會根據懺悔者的年紀、性別、社會階級自由詮釋「太」字，這一切隨之成為巧妙的修辭學問題了。

　　天主教教會透過各種教規和禁令，教導一代代的信眾遵守一定的飲食規範。教會擁有強大的教化力量，又是影響力無遠弗屆的道德領袖，因此在當代許多禮儀條約上留下印記。不過，從耶穌用餐的場景到宗教團體的聚餐，教會讓餐飲變成人和人相互交流的重大時刻，儘管正餐之餘的零嘴、點心、暴飲暴食依然遭受譴責，分享之樂和良好教養均已受到褒揚，換言之，當餐點合理，享受美食樂趣便也合情。就狹義上而言，教會的教化是貪饞美食學誕生的助手：只要能遵守規範，享受佳餚的樂趣便受到肯定，而所有規範中

最重要的就是餐桌禮儀和分享之樂。大力鼓吹適當的飲食和餐飲禮儀，又不排斥享受佳餚美酒的愉悅，天主教教會陪伴西方上流社會的菁英經歷「食慾文明的進化過程」，唾棄貪食者但推崇美食家。在義大利和法國兩地，味蕾挑剔、戰鬥力堅強的反宗教改革天主教教會非但沒有壓抑美食享樂主義的發展，反而起了推波助瀾的作用。

露易茲・摩隆（Louise Moillon），《女果菜販》（*la Marchande de fruits et légumes*），一六三〇年，巴黎羅浮宮。

Chapter 4

老饕和
美食家當道的時代

各位看官啊／看著自己的小孩／
圍著餐桌排排坐／鼻涕直流滿嘴油膩 ／
十指伸進碗盤／還有什麼教人更生氣

庫朗日（Coulanges），《歌曲選集》（*Chansons choisies*），一六九四，〈致一家之主〉（aux pères de famille）。

在露易茲・摩隆（Louise Moillon）繪於一六三〇年的《女果菜販》這幅畫裡，女果菜販的商店後方有一隻貓趴在殘羹剩菜旁打盹，對女販與巴黎貴婦的交談置之不理。填飽肚子的肥貓和雀屏中選的睡鋪似乎象徵了貪食罪，不過這個罪惡躲在陰暗的角落打盹兒，彷彿意味著位於明處的女顧客所持的態度呈現出貪饞行為的另一種比較端正的樣貌。然而對那些聽由肚子擺佈的顧客而言，這幅風俗畫卻到處暗藏危機：女販閃爍的眼神洩露她不老實的經商手段、一整籃蘋果當中被蟲蛀過的那一顆恰巧位於畫面中央、昏昏欲睡的貓顯露出貪婪，甚至貓身邊那個既像南瓜又似甜瓜的曖昧形體似也隱含不安的成分。然而女顧客樸素的裝扮、祥和的面容、精打細算的手勢以及她挑揀出來的種類繁多的水果，充分顯示她成功避開這些陷阱。她擁有擅於挑選甜美水果的高尚品味，屬於優雅的美食家和饕家的一員。她對最流行的水果知之甚詳，懂得品鑑它們細緻的質感、汁液的芬芳以及熟成的程度，而這些訊息又因為十六至十七世紀的西方繪畫常以水果象徵味覺而愈益昭然若揭。這位女顧客出身世家，沒上不實商人的當，也不會放縱口腹之欲；由於受過良好教育，她儀態從容、進退得宜、遵守禮節、莊重自持。高尚得宜的貪饞逐漸變成一項優點，甚至成為菁英分子在社交上舉止優越的表現，於是得以晉身為路易十三執政以後開始樹立的法國文化模式的一部分。

從義大利到法國，端正得體的貪饞文化出現

　　儘管自十七世紀起，端正得體的貪饞儼然變成法國文化模式裡的重要成分，但它並非發源自法國，而很可能誕生於義大利。十五世紀至十六世紀間義大利北部與中部的城市就出現了一些崇尚美饌珍饈的饕客團體，譬如佛羅倫斯有個由藝術家組成的美食幫「燉鍋會」（Compagnia del Paiulo），而畫家安德烈亞・德爾・薩爾托（Andrea del Sarto）也是團員之一，每位赴宴的賓客都得攜帶一道「極富巧思烹調而成」的佳餚。十六世紀法國文豪米歇爾・德・蒙田（1533－1592）的《隨筆集》（Essais）裡有一篇直言不諱地把篇名訂為〈虛浮的空話〉（de la vanité des paroles）的散文，敘述他遇見卡羅・嘉拉法紅衣主教（Carlo Caraffa，1517－1561）的義大利廚師，並嘲諷後者如何煞有介事地談論珍奇佳餚：

　　「我問他帶了什麼物品，他瞬間神情嚴肅，態度不可一世，針對這門吃的學問跟我發表長篇大道理，彷彿談論的是神學的重要課題。他跟我詳細解釋不同的胃口，譬如守齋期的胃口、吃完第二道和第三道菜後的胃口都不盡相同，因此料理的方式有時僅止於討胃口歡心，有時卻要強調開胃甚至刺激胃口，於是必須藉助各色醬汁達到不同效果；首先調製一般醬汁，然後添加不同成分，製成效用各異的醬汁；也要依據時令季節，選用不同的生菜沙拉；有的沙拉應煮過，有的沙拉該做成冷盤，再加以裝飾使之看起來更秀色可餐……這一席話全用富麗堂皇的詞藻堆砌而成，甚至能與探討治國的語言相媲美。」

面對這位深諳廚藝的廚師，蒙田卻感到相當震驚，恰也顯示義大利與法國上流菁英分子看待美食樂趣時的文化落差，而上述對話見證了義大利人心目中的美食是一種自由寬容的藝術，將神學、廚藝與精準的語言冶於一爐。此外，這位義大利廚師神似義大利詩人佛蘭高（Teofilo Folengo，1496－1544）作品《巴杜斯》（1517年）裡那位為騎士比武大賽準備閉幕大餐的主廚，這位主廚被描述成深諳飲食之道的大師，彷彿一位參透「味蕾聖經」（biblia palati）的博士。將佛蘭高和法國劇作家拉伯雷（約1494－1553）的作品兩相對照，亦可與蒙田所描述的故事相呼應，獲得異曲同工之妙：剛走入近代的法國和義大利對美食的感受大異其趣，拉伯雷不厭其煩地列舉各種菜色，甚至到引起讀者反感的地步，而義大利佛蘭高則以細數烹飪細節自娛，兩人的差異又因為拉伯雷曾讀過佛蘭高的作品而更加耐人尋味。

　　不過，自從一五〇五年克利斯多（Didier Christol）修院院長將義大利人文主義學家巴多羅密歐・薩奇（Bartolomeo Sacchi）的名著《論正確享受與健康生活》（*De honesta Voluptate*，1473－1475）譯成法文並改寫成《法文版普拉汀》（*Le Platine en françois*）[1]後情況稍有變化，這本著作兼顧食療法和烹飪法，直到一五八六年為止仍不斷再版，成功地將義大利美食論述的特質帶進法國料理文獻，諸如飲食活動受到社會認可或肯定佳餚衍生的樂趣。然而必須再等一個世紀，能吃善飲的饕客正面形象才正式在法國落地生根，而這

---

[1]巴多羅密歐・薩奇也被世人按其出生地Piadena稱為普拉汀（【義】Il Platina）。

個演變之所以會延宕出現，可能跟宗教戰爭有關。

能吃善飲又有教養的美食家誕生

　　法國作家與詞彙學家安東・弗荷帖（Antoine Furetière，1620－1688）認為「friand」（饕客）是個具有褒義的詞彙，意指一個人（無論男女）「喜愛適當調味的珍餚」[2]。他提供兩個例子加以說明：「『friand』以追求佳餚為樂」，而「『gourmet』（美食家）必須擁有『friand』的品味。」（《通用詞典》，1690年），由此可見弗荷帖認為 friand 和 gourmet 這兩個詞彙有一定的關聯。不過當時 gourmet 依然與酒的世界保有密切的關係，gourmet 其實是葡萄酒師（oenologue）的前身，自中世紀以後，gourmet 專指那些能評判葡萄酒品質優劣的專家，而 friand 則指那些能評判菜餚精緻與否、味道好壞的專家。至於 friandise 這個名詞意指僅僅為了滿足樂趣而不是為了充饑的食物，鹹甜皆有，常在正餐以外的時間享用。十七世紀時，coteau 一詞（當時的拼法是 costeau）也具有與美食相關的意義。

　　一六六五年，維利耶莊園的領主克勞德・岱尚（Claude Deschamps，約 1600－1681）寫了一齣以饕客為主角的獨幕喜劇《老饕或貪饞的侯爵大人》（*Les Costeaux ou les marquis frians*），他藉由劇中貪饞的瓦列爾侯爵的獨白，點明 costeau 一字的「愛好美

---

[2]「friand」可譯為饕客，而「gourmet」現今意指美食家。

食」意涵：

> 意指那些講究精緻珍餚的雅士，
>
> 他們因為經驗豐富而成為美饌專家，
>
> 擁有法國最可靠也最高妙的品味，
>
> 今天的饕家全是社會名流與精英，
>
> 他們看到野味，便能透過氣味，
>
> 斷定來自何處，這些令人敬佩的人，
>
> 擁有敏銳的味蕾，是筵席的最佳良伴，
>
> 被大家視為高貴的席間君主，
>
> 他們熟悉各式佳餚，嚐遍各地美酒，
>
> 因為品味不俗，得以練就這門學問，
>
> 在法國他們被尊稱為「Costeau」。（第八幕）

「costeau」這個說法逐漸流行起來，並出現在十七世紀輝煌大時代的重要作家拉布葉爾（La Bruyruy，1645－1696）的作品《人性與世態》（*Les Caractères*）裡：「那些無心處理私事的權貴要人……卻以美食家和『costeau』自居」，布瓦羅（Boileau，1636－1711）的《荒誕的餐飲》（*Repas ridicule*）裡也出現一位「飢腸轆轆、愛吹牛……自稱是『Costeau會』的修士。」

「friand」、「gourmet」、「coteau」等說法讓人得以避免使用依然含有負面意味的「gourmand」（貪饞者）一詞。根據利榭萊（Richelet）編著的辭典（1680年），friand作為形容詞意指一個人

「喜愛吃美味食物」，而 gourmand 的行為是「飲食無度」，算是一種「小罪過」。弗荷帖認為 gourmand 是「吃得貪婪無度且不知節制的人」，而《法蘭西大辭典》（*Dictionnaire de l'Académie*，1694 年）則將之定義為「貪得無厭的饕餮」。一個世紀後，狄德羅與達朗伯主編的《百科全書》把「gourmand」的名詞與形容詞用法都解釋為專門形容動植物：「一、通稱飲食無度且貪得無厭的動物。二、指脫離樹木生長並帶走全部養分的樹枝，有鋸掉的必要。」法國啟蒙運動的思想家對「貪饞」的概念可謂不懷好意。《百科全書》中「料理」與「調味」的詞條釋義裡，若古騎士（1704－1780）將「提味」闡述為「改善菜餚味道」、刺激食慾的技巧，形同色慾，是一種對本質的破壞，有害健康的任性行為。在作家梅西耶（Louis-Sébastien Mercier）筆下的《巴黎眾生相》（*Tableau de Paris*，1781－1789）中，貪饞者不脫胖子形象，聽命於貪婪的胃口和他僱用的廚師，足見貪饞者依然與饕餮畫上等號，而貪饞者的行為和暴飲暴食同義。我們特別要留意的是，一八〇三年美食享樂主義者格里蒙・德・拉雷涅將他所寫的巴黎美食店指南命名為《饕客年鑑》時，這個著作標題其實有意挑釁熟悉此道的讀者；該年鑑每出一卷都會在卷首插圖頁附上一個嚴肅的標題：〈饕客的文庫〉、〈饕客的庭訊〉、〈饕客的評鑑大會〉、〈饕客的冥思〉、〈東道主的首要責任〉、〈饕客的美夢〉、〈饕客的崛起〉以及〈晚餐最致命的敵人〉。

然而不容否認的是，舊制度最後兩百年，法國上流菁英的生活模式起了重大變化，飲食變成以享樂為目的，只不過「貪饞」的新定義很晚才被收錄在字典裡，一直到十八世紀中葉若古騎士才在

《百科全書》中給「貪饞」一詞賦予「對美食細膩而無節制的喜好」的定義。誠然，「貪食」的意味依舊曖昧不明，《百科全書》的定義也義正嚴辭地予以指責，不過它終究被定義為「細膩的喜好」而不再侷限於「不知節制」的層次。回顧十七世紀末，儘管饕客的形象早已扶搖直上，弗荷帖對「貪饞」的定義仍僅限於「貪婪，不知節制地吃喝」。

端正的貪饞，優雅的舉止

一旦溫文儒雅的上流世界接納「貪饞」以後，「貪饞」就可以變成地位尊貴的表徵，以及受過良好教育的證據；誕生於十二、十三世紀的餐桌禮儀在進入近代時期的歐洲持續在逐漸法典化的路途上緩緩前進。伊拉斯謨的《兒童禮儀》教導孩童因應不同場合做出得體的舉止，這本輕薄短小的指南分成七個章節，其中篇幅最長的第四章全篇討論餐飲禮節。這本小品於一五三〇年在巴塞爾出版後，立即變成為風行歐洲的暢銷書並不斷再版；一五三一年譯成德文、一五三二年譯成英文、一五三七年譯成法文和捷克文、一五四五年譯成義大利文、一五四六年譯成荷蘭文。《兒童禮儀》雖未被譯成西班牙文，但西班牙許多教育指南從中汲取靈感，譬如亞拉岡人文主義者帕米林諾（Juan Lorenzo Palmireno）針對瓦倫西亞不懂規矩的學生所撰寫的《村裡的學生》（*El estudioso de la Aldea*，1568年）、摩列斯（Joaqua de Moles）神父的《基督教禮儀指南》（*Catón Cristiano*，馬德里，1772年）。

這位「人文主義王子」參考古典文學（如亞里士多德、西塞羅的作品）、中世紀（十二至十五世紀）的教育論著、諺語、寓言故事，為社會所接納的行為制定準則。「也應留意你的手肘是否妨礙到坐在你身旁的人，注意你的雙腳是否妨害到坐在你對面的人」，「有人一坐下便把手伸向碗盤，跟狼獾沒兩樣」，「一下子就把碩大肉塊吃得精光，有如鸛鳥或饕餮」，「有些人咀嚼的時候嘴巴張得老大，像豬仔一樣發出嗊嗊聲」，「用舌頭舔食黏在盤上的糖或其他食物，這是貓才會做的舉動，人不會」，「人不該像狗那樣用牙齒啃咬骨頭，而應該用刀子切下骨頭上的肉」。小孩的行為應該有所約束，以免像狼、鸛、豬、貓、狗等動物，更要避免貪饞，而貪

用餐時舉止得體，家庭一定和樂融融，羅伯・布瓦薩（Robert Boissard），根據馬汀・德・沃（Martin de Vos）的畫作《和諧》（Concordia）所繪，約一五九〇年，巴黎法國國家圖書館。

饞仍被看成狼吞虎嚥的同義詞。伊拉斯謨從而訂出一套禮儀規範並在西方世界流傳了至少五個世紀,法國也沿用這些規範,十七世紀的庫登(Antoine de Courtin)和十八世紀的拉薩樂(Jean-Baptiste de La Salle)即繼續提倡下列舉止:無時無刻不留意自己的行為,適量飲食,舉止得體(不抓頭、不剔牙、不玩弄刀子等),保持端正的姿勢。每個舉動都有一定的準則:如何盛菜、如何切菜、如何將食物送入口中、如何咀嚼並避免囫圇吞棗等,此外,如何說話也有明文規定:避免在滿嘴塞滿食物時開口說話、避免發出怪聲、避免言語低俗。

從文藝復興時期到啟蒙時代,教育家們在餐桌上投注許多心思,視之為學習「端正貪饞」的重要場所。人文主義學家在此重新挖掘出源自古代饗宴、富有教育功能的題材,近代時期執政者藉此體現宮廷運作方式,啟蒙時代的「甜蜜生活」則在此品味詼諧對話的藝術[3]。而天主教會也呼籲聚餐和禮儀的重要性,一如西班牙禮儀指南指出的「基督教善良習俗」。法蘭索・德・薩勒(François de Sales)教士認為最理想的修行生活不應忽略用餐活動的社交功能,「以便維持有互動的交談以及人與人之間對彼此的恩賜」,不過他也同時指出我們應該「只在坐下來時才想到用餐這件事」(《虔修生活導論》〔Introduction à la vie dévote〕,1609年)。所謂《三亨利天主教教理》(法國,1677年)[4]則告誡信徒們不可「吃太多肉以免變

---

[3]法國政治家塔列朗(Maurice de Talleyrand-Périgord)說:「沒有活在舊制度下的人永遠也不會知道甜蜜生活為何物」。法國大革命後,舊制度時期特有的饗宴與知識分子的活力也跟著煙消雲滅,但更重要的是,一種甜蜜的生活方式也跟著消失無影。
[4]三位都叫做亨利的樞機主教所流傳下來的天主教教理。

得醜醜下流」。

懂得節制的餐飲變成合法享受美食情趣的場域、「端正貪饞」不可或缺的條件，但是在正餐以外的時間偷吃依然受到譴責。十九世紀的布爾喬亞階級將繼續在餐桌上扮演教育家的角色，指導什麼才是正確的貪饞。然而就像巴守（Gaspard Bachot）醫師於十七世紀上半葉所指出，天下「沒有比肚子和食慾更好的時鐘」。文雅正當的舉止和醫學論點發生嚴重分歧，就醫學的立場看，肚子餓了就表示該吃飯，而就餐桌禮儀的觀點而言，固定的用餐時刻比肚子是否饑餓更重要。時鐘一致化的機械時間取代因人而異的生理時間，進食活動受到規範，每一道正餐（早餐、簡餐、午餐、點心、晚餐）必須在一定的時間吃，吃特定的食物，進而發揮一定的社會功能，並藉由抑制貪饞達到矯正貪饞的目的。飯前經可以約束坐在餐桌前的賓客有如餓虎撲羊般地迅速撲向食物，也是一種遏止貪饞的好方法。

饕餮之徒的醜陋形象

餐桌禮儀最痛恨的是暴飲暴食的饕餮之徒（goinfre）。適可而止才是人該有的行為，而飲食不知節制是饕餮，亦即老粗、農夫、乞丐或動物等的行為。在當時的文學作品裡，老粗只會狼吞虎嚥，怎麼吃都吃不飽；餐桌上的舉止足以洩露賓客的社會地位，因此對西雷利（Girolamo Cirelli）而言，《露出馬腳的老粗》（Il villano smascherato，十七世紀末）裡那位老粗吃得「像一隻豬」是很正

賈各‧喬丹（Jacob Jordaens）《吃
粥者》（les Mangeurs de bouillie），
一六五〇年，德國卡塞爾（Kassel）
美術館。

常的事。此外，「饕餮」做為形容詞時，可以用來描述不拘儀節、大而化之、不修邊幅的行事方式，例如詩人聖阿芒（Saint-Amant）在《降半旗》（*La Berne*，1629年）這首詩裡即用「饕餮」一詞形容欠缺優雅的風格。十七世紀的法文裡，「饕餮」是「乾淨」的相反詞，而拉布葉爾創造的人物涅阿東正是不知餐桌禮數的饕餮原型。

「涅阿東只為自己而活，完全不把別人放在眼裡，坐上餐桌的主位還不夠，他非得佔據兩張餐桌的主位才行。他忘了菜餚不只為他也是為了同桌的賓客而準備；他把每盤菜都占為己有，只顧著伺候自己用餐而不理會旁人。只要還未吃遍全部菜色，他不會特別依戀某道菜餚，他希望他能把餐桌上的食物統統一掃而空。在餐桌上他用兩隻手當做餐具，他一再撥弄肉塊，然後掰開、撕裂，而其他賓客如果還有食慾，也只能吃剩餘的菜羹。他毫不掩飾骯髒噁心的舉動，就連餓壞的人看了都會瞬間喪失食慾。肉汁和醬料沿著涅阿東的下巴和鬍子淌下，當他把燴肉從盤子取出，他會把肉汁滴到其他菜餚和桌巾上，

那塊燴肉便沿路留下痕跡。他用力咬嚼並發出嘖嘖聲，同時不斷轉動眼睛，餐桌就像他個人的餵草架，他也不時大模大樣地剔牙，剔完後繼續吃。」（《巴黎眾生相》，〈論人〉，121頁）。

值得一提的是，餐桌禮儀演化得甚為緩慢，直到十七世紀，歐洲大部分的上流社會菁英所受的餐桌教育都還是源自十二、十三世紀。

培養高雅品味

良好的餐飲行為，也涵蓋說話得體，懂得吃也包括懂得描述一款酒、一道菜餚的優點以及味覺感受，蒙田提到的軼事即凸顯美食藝術與說話藝術相輔相成。在備受讚譽的法國料理逐漸成形的時期，法文也在經歷一段語言淨化的運動，就連料理書籍都要求用字遣詞洗練、過濾庸俗粗鄙的用詞，於是才有莫里哀喜劇中語法學家沃紀拉（Vaugelas，1585－1650）與廚娘們的趣味對立。「gourmet」會變成美食愛好者的同義詞或許不是巧合，正如我們也看到中世紀末以後一套專用術語被發展出來描述葡萄酒的優劣。由於葡萄酒在西方世界享有崇高的地位，加上精準的語言受到推崇，gourmet一詞不僅擺脫負面意味，更因為法國料理席捲歐洲，十九世紀許多歐洲語言都接納法文的gourmet一詞。就讓我們來欣賞一位波爾多律師寫於一七六五年的遊記是如何藉用精準的語言來比較庇里牛斯山麓產的葡萄酒和波爾多葡萄酒：「我跟他們一樣認為這些酒細緻而清爽，不過還是也比一般的酒更容易令人頭昏，而他們也應該同

版畫，尼古拉・阿爾努
（Nicolas Arnoult），《品味》
（*le Goût*），十七世紀末。

Le goust

意我們的格拉夫（Graves）酒更為細膩，我們的梅鐸（Médoc）酒香氣更馥郁、更厚實，到了口腔裡慢慢升起更強勁的濃度，我們的卡農酒（Canon）也同樣精緻，味道中有一種極其高雅也極討人歡喜的特質，而聖愛美濃酒（Saint-Emilion）一樣也是嗆烈中不失輕盈，加上較不容易醉，因此更適合在平常喝。」

高雅品味需要學習、展現以及傳承。

美食愛好者應該要能辨認、評述以及鑑賞酒的色澤、西洋梨的多汁、蘆筍的清脆。因此，十七至十八世紀之間出品的園藝書籍不僅告訴人們最流行的植物，也教人怎麼談論。饕家（或當時所稱的「coteau」）必須知道享用的珍饈來自何處，譬如特雷戈爾的奶油[5]、緬因（Maine）省的閹雞、史特拉斯堡的鵝肝、香檳省的葡萄酒等。近代上流社會菁英的饗宴講究高雅品味，逐漸取代中世紀所崇尚的多元品味。此外，流行於文藝復興時期與十七世紀的五種感官寓意畫，表現味覺的不再是豐盛的佳餚而是時髦的食物。高雅品味需要學習、展現以及傳承。透過不斷地陶冶與學習，「貪饞」登上端正高雅的殿堂，撇開狼吞虎嚥、缺乏教養的形象，美食家的雛形逐漸勾勒出來，並將在十九、二十世紀大行其道。十九世紀初新舊制度交替下的文化擺渡人兼美食家布希亞－薩瓦蘭寫道：「動物狼吞虎嚥而人吃東西，但唯獨有智者才真正懂得吃。」

---

[5] 特雷戈爾（Trégor）是法國中世紀時期舊行政區名，相當於今天的布列塔尼亞西北部。

高尚的貪饞應該要值得引人思索

懂得吃也意味著懂得選擇符合自身社會地位的食物。「對食物很外行，但愛吃魚，特別是不新鮮，且經常是腥臭的魚，而非風味絕佳者。」聖西門（Saint-Simon）公爵回憶錄裡的旺多姆公爵（Vendôme，1654－1712）「有一種不可思議的貪饞」，不過聖西門公爵在此主要是用狡猾的方式著墨旺多姆公爵的貪饞和對美食的一無所知，來影射後者雖貴為法王亨利四世之後卻為私生子之實。為了讓貪饞能登上大雅之堂，貪饞者須考慮自身的年齡、性別、社會地位來選擇食物，這些因素都會決定胃口的精緻或粗俗。套用人類學家李維史陀（Claude Levi-Strauss，1908－2009）的著名概念，高尚的貪饞應該要值得引人思索[6]。在絕大多數的庶民鮮有機會吃到美味食物的情況下，菜餚是否提供豐富的選擇更是決定貪饞好壞的關鍵。上流社會宴席千變萬化的菜色讓赴宴嘉賓得以透過菜餚的選擇展現自己的社會地位，這對向來粗茶淡飯又總是填不飽肚子的百姓而言是超乎想像的事。

因此蘿蔔、鷹嘴豆、乾菜等庶民階級的粗菜都被打入宴席菜的黑名單，因為這些食物不是窮人就是苦修者吃的，只能用來填飽農人的肚皮。反之，上流社會的菁英們特別鍾情於時鮮的豌豆、蘆筍、朝鮮薊、甜瓜、無花果以及西洋梨，樂於誇耀食物能否滋補強身並不要緊，也因此形成他們生理上的纖細嬌柔。此外，他們

---

[6] 李維史陀曾說：「食物不應好吃而已，也該值得思索。」

喜愛成熟果實那種入口即溶的果肉能讓賓客避免因為大力咬嚼蘋果之類的粗鄙水果而製造不甚文雅的聲響。在物資缺乏、經濟不穩定的大環境下，菁英們對時鮮蔬菜、早熟或晚熟的水果、新鮮魚肉等情有獨鍾，越發凸顯這些人出身富貴，不虞匱乏。另外菁英們也對果醬、蜜餞、杏仁小餅等垂青有加，一方面是因為消費價格不菲的蔗糖具有炫富的功能，而另一方面，它的甜美滋味令人聯想起獻媚求歡和某些社交活動，譬如歐洲精英趨之若鶩、經常享受的點心時間。

從前西方社會講究層級制度，養尊處優的貴族統治階級竭力培養高貴品味以顯身分，貪饞首先具有濃厚的社會階級意義。

　　從前西方社會講究層級制度，養尊處優的貴族統治階級竭力培養高貴品味以顯身分，貪饞首先具有濃厚的社會階級意義。因此，夏爾‧佩羅（Charles Perrault）的《荒唐的願望》（*Souhaits ridicules*，1694 年）和阿爾卡薩（Baltasar de Alcázar）的《詼諧的晚餐》（*La cena jocosa*，1605 年）都想到藉用黑血腸這道粗鄙的菜餚製造噱頭。在《荒唐的願望》裡，有一個貧窮的樵夫獲得天賜良機得以許下三個願望，他坐在壁爐前面對熊熊烈火，完全陶醉在安詳舒適的氛圍中，發願若能吃到一古尺（相當一百二十公分）的黑血腸，他這一生便了無遺憾。他的妻子聽了火冒三丈，破口大罵：「如果我們稱霸天下、坐擁金銀珠寶、穿戴綾羅綢緞，怎可能還會盼望吃一條黑血腸？」這個願望對於那些總是酒足飯飽的貴族而言確實可笑，不過對一個經常三餐不繼、亟需填飽肚皮的窮人卻是很實際的選擇。而在《詼諧的晚餐》裡，緊接著在沙拉和涼拌海鮮盤之後上的菜是一條大血腸（西班牙文叫做 morcilla，屬陰性字），肥碩渾圓得足以媲美「令人尊敬的貴婦」！

當時的社會有一定的飲食「慣習」，而吃不符合自己身分地位的食物會破壞社會固有秩序。弗萊蒙維爾（La Poix de Freminville）在其所著的《警政字典或協定》（*Dictionnaire ou traité de la police générale*，1771年）裡「太多放縱無度的人和流浪漢沉迷於偷竊花園裡的朝鮮薊、甜瓜、杏桃及其他水果」深感惋惜，他稱這些竊賊為「放縱無度的人」，是因為他們偷取食物不是為了求生存，而是為了追求美食情趣；他稱這些竊賊為「流浪漢」，是為了強調被偷的蔬果並不為他們的身分地位所允許。近代歐洲的小說、童話、寓言以及繪畫中出現的食物能迅速顯示相關人物的社會地位。阿利安提（Sabadino degli Arienti，1445－1510）短篇小說裡的農人邦德諾聲稱自己有當騎士的本事，並將為此付出代價：斐拉爾侯爵的宮殿裡眾人笑成一團，邦德諾發現侯爵送給他的盾牌上裝飾著粗俗的徽章：湛藍背景上不是代表貴族的老鷹，而是一顆大蒜！塞萬提斯在《唐吉訶德》（*Don Quixote*，1615年）裡也借用食物製造喜劇效果：桑丘‧潘薩自稱巴拉塔里雅島的總督，卻大啖涼拌海鮮盤和兩隻不怎麼新鮮的小牛腳等平民化食物，而他的地位其實允許他吃更高級的菜餚，像是「米蘭鷦鶘、羅馬野雉、索倫特小牛、摩隆山鶉或拉瓦荷小鵝」；這段令人莞爾的插曲即建築在錯亂的飲食和社會階級上。我們再拿桑丘‧潘薩這個典型的粗人為例，他極力誇讚乾麵包配洋蔥遠比繁縟考究的貴族饗宴更勝一籌。波隆納畫家卡拉齊（Annibale Carracci）畫下那位《吃扁豆的人》（約1590年）坐在餐桌前對著一大碗扁豆，貪婪地將滿滿一匙「珍饈」送到嘴裡，他同時左手緊緊抓著麵包不放，而眼神似乎露出害怕吃不到扁豆的

卡拉齊（Annibale Carrachi），《吃扁豆的人》（*le Mangeur de haricots*），十六世紀末，羅馬科羅納美術館（Galerie Collona）。

恐慌，又彷彿閃過一絲即將吃飽的滿足。舊制度社會本質就是不平等，不同的群體有不同的飲食情趣，家財萬貫的貴族菁英因為有豐富的選擇而沾沾自喜，而窮人能填飽肚皮就很快樂。

懂得掌控身體

講究飲食的美食家經常有一副豐腴得恰到好處的體型，而豐腴得恰如其分[7]不僅透露價值判斷，以趨近肥胖遠離纖瘦為理想狀態，更顯示肉體、經濟和精神三方面都很健康。從文藝復興時期到十九世紀，豐腴也是美的必備條件，相反地，消瘦、營養不良、瘦骨嶙峋則被視為醜陋的特質。美麗的祕訣旨在追求或維持豐腴的體態，如葛利桑提（Glissenti）於《論道德》（*Discorsi morali*，1609年）中所述，威尼斯和那不勒斯豐腴的仕女大啖兩種杏仁餅以便讓軀體變得豐潤飽滿，而法蘭西第一帝國的巴黎仕女則吃巧克力達到目的。享樂主義者格里蒙・德・拉雷涅曾提到「德伯夫先生」巧克力能讓「眾多美女」重新喚回「迷人的神采，因為體態不稍顯豐腴便稱不上美人，也少了一股清新氣息。」

反之，身體失控足以顯示不知節制的狼吞虎嚥行為。文森佐・卡姆皮（Vincenzo Campi，1536－1591）繪於一五八〇年左右的作品《吃麗可塔乳酪的人》描繪一群荒誕可笑的窮人，三男一女組成的四位賓客正興高采烈地搶食一大塊奶油狀的白色乳酪，每個人都神情恍惚、面露傻笑、眼神空洞、嘴巴微張。在暗色調的襯托下，

美麗的祕訣旨在追求或維持豐腴的體態

---

[7] 在法文裡，「豐腴得恰如其分」（être en-bon-point）即有「處於良好的狀態」之意。

純白的麗可塔乳酪愈發清晰可見，同時凸顯周遭骯髒的手、曬黑的
臉孔、滿口爛牙以及作勢要吞掉一大塊乳酪那位食客的貪食大嘴。
另一個食客駝著背站在乳酪上方，雖然已經滿嘴乳酪，卻又舀了一
大勺乳酪往嘴裡送，他身邊的食客則將指甲汙穢的手搭在他的肩膀
上。這些饕餮之徒粗魯無禮，與乞丐無異，他們徹底缺乏教養，大
口咬嚼，恣意露出缺牙、骯髒、惡臭的嘴巴，大模大樣地撲向食
物，甚至端著大餐盤吃起來，身體緊貼著其他食客。饕餮之徒總是
狼吞虎嚥，出身貴族的唐吉軻德熟悉餐飲禮儀，即經常提醒桑丘‧

文森佐‧卡姆皮（Vincenzo Campi），《吃麗可塔乳酪的人》（les Mangeurs de ricotta），
里昂美術館。

潘薩不該「同時用嘴巴兩側咬嚼食物」！

　　而目不轉睛地盯著食物看，無論打量的是自己或身旁賓客的盤飱或公用的菜餚，這類舉動致使饕餮之徒在社交場合上露出馬腳，如薩繆爾‧約翰遜（Samuel Johnson）博士：「當他坐在餐桌前……他全神投入在進食上，雙眼似乎緊緊盯著自己的餐盤不放」。作者詹姆士‧包斯威爾（James Boswell）在這本《薩繆爾‧約翰遜傳》（The Life of Samuel Johnson，1791年）裡描繪的圖像可說不留情面，在接下來的敘述中，狼吞虎嚥的約翰遜彷彿「化身為一隻野獸」，甚至到令其他賓客唾棄的地步：他有「饕餮之胃，由於拚命大吃大喝，以致於用餐期間脖子青筋暴露，連平常說話時也會汗流浹背」。同時，酒醉也被視為一種退化行為，像一場缺乏理智的身體荒腔走板的演出，身體失去分寸、不知進退，總而言之就是不莊重；人喝醉了就容易亂了性子。

　　「高貴老饕」與「卑賤暴食者」之間的反差也表現在尊貴的司廚長／領班與粗鄙的廚子／伙夫上。莊主料理餐飲事宜的司廚長、切肉侍臣以及司酒官都以儀容整潔、舉止優雅以及容光煥發著稱，而出現在德國和佛蘭德斯版畫的庖丁則關在密不通風、烏煙瘴氣的廚房裡，他們個個身材肥胖，全身布滿油垢，此外從他們紅潤的面容看來應有飲酒嗜好，而嗜酒是中世紀至二十世紀的伙夫予人最重要的刻板印象。馬克斯‧韓波特（Max Rumpolt）撰述的德國料理大全《料理新著》（Ein new Kochbuch，法蘭克福，1581年）附有約斯特‧安曼（Jost Amman，1539－1591）的版畫，而其中兩幅描繪典型的廚師形象：他們衣著邋遢，露出渾圓的肚皮，而由於身材太

胖，圍裙只得繫在肚皮下，同時五官因為雙下巴而走樣。文字作品也傳遞諸如此類的負面形象，有時如料理文集透過理想廚師形象的建立加以反襯，有時則是為了製造喜劇效果。佛羅倫斯詩人浦爾契（Luigi Pulci）在滑稽故事《莫爾岡》（*Morgant*，1483年）裡有一個巨無霸人物馬古特（Margutte）集廚子全部特點於一身：粗俗、貪食、齷齪、肥胖、酗酒、荒淫無度、偷雞摸狗。人確可貌相：大腹便便是廚子的基本特徵，而面容粗俗則暴露其低微的出身。廚師的外形在在凸顯他犯了貪食罪之實。里帕（Cesare Ripa）的《圖像學》（*Iconologia*，1603年）裡擬人化的貪食罪孽也有一個圓滾滾的

約斯特‧安曼（Jost Amman），《伙夫》（*Le Cuisinier*），十六世紀末。

肚子，而他還有一條鶴鳥般細長的脖子有利於品酒嚐菜，卑賤的貪饞者只顧著把自己養得肥肥胖胖，像他身邊的公豬一樣。

從健康飲食到好品味

歷史學家佛蘭德林（Jean-Louis Flandrin）認為正派高尚的貪饞可能誕生於十七至十八世紀之間，當時飲食方式開始掙脫醫學的束縛，近代歐洲社會的文化環境——涵蓋知性、宗教、科學等層面——促使源自遠古時代與中世紀的立場重新受到檢討，對飲食觀念的解放有推波助瀾之效。古代貴族奉希臘醫師蓋倫（Galien，約131－約201）的飲食原則為圭臬，而蓋倫的影響力也一直延續到文藝復興時期，他提出的飲食原則包括上菜的順序、哪些肉不該吃、哪些肉該多吃、佐醬的調配、烹飪方式、食物的搭配等，不過這些觀念隨著饕家的興起而受到動搖並逐漸式微。

印刷術的出現有助於希臘與拉丁作品大量傳播，進而促使這些作品被更深入地評論與分析。一五二五年威尼斯首度出版蓋倫全集後，蓋倫的醫學理論受到帕多瓦大學教授安德雷亞斯·維薩里（Andreas Vesalius，1514－1564）的抨擊，維薩里是人體解剖學家，他深信真理不是在死的語言而是在死人身上找到。他的著作《人體的構造》（*De humani corporis favbrica*，1542年）駁斥蓋倫的理論。維薩里強調動物解剖和人體解剖之間的相似性[8]，他也

---

[8] 蓋倫的解剖知識主要是從動物解剖得來。

發現一些直到當時依然為人所不知的器官，因此強烈質疑蓋倫所提出的人體觀念。西元一六二八年，英國人威廉·哈維（William Harvey，1578－1657）發現人體血液循環，他指出血液是由心臟造成，並非如蓋倫所言由肝臟製造。此外，十六至十八世紀之間出現消化系統的科學性新發現，顛覆古代的飲食規定。況且，上流菁英嗜吃傳統上被視為高度危險的食物卻並未因此生病，譬如「墮落的」甜瓜、「不健康的」水蜜桃，在講求實證與觀察的新興科學觀點下，這些都成為極具說服力的證據。佛蘭德林將古代飲食觀念漸趨沒落解釋為貪饞掙脫束縛的表徵，讓當時人能更自由地追求口腹之快，並發展出一套全新的論述，得以公開承認人可以為了享受歡愉而吃。從此以後，烹飪術不再藉由調味或烹飪等技術改變食物的特性，而以滿足食客挑剔的味蕾為目的，也不再致力讓菜餚變得更容易消化，而以刺激食慾、巧妙搭配不同食材的風味，並讓食材的精髓全面展現為宗旨，熱愛美食的路易十五執政期間所出版的法國烹飪書《科穆斯的天禮》（*Dons de Comus*，1739年）[9]在序文中如此寫道。

不過要能公開宣揚享受佳餚所獲得的喜悅，必須要有高尚的口味。雖然「貪饞」仍被視為狼吞虎嚥的貪食行為而大受撻伐，但是追求精緻佳餚、熱愛珍饈、精通美食並予以精闢分析的愉悅卻備受肯定，甚至成為接受過良好教育的明證。自十七世紀起，飲食範疇

追求精緻佳餚、熱愛珍饈、精通美食並予以精闢分析的愉悅卻備受肯定，甚至成為接受過良好教育的明證。

---

[9]羅馬神話中的科穆斯（Comus）源自希臘神話的科摩斯（Komos），均為司酒宴、感官享樂之神。

仿亞伯拉罕・波斯（Abraham Bosse）版畫《品味》（*Le Goût*）所繪，十七世紀初，法國圖爾（Tours）美術館。

GVSTVS

的「高尚口味」甚至開始衍生出「高尚品味」的概念，成為談論美術的語彙。藉由一個關於食物的隱喻來劃分美麗與醜陋，這個現象足以證明食物的口味不僅已經是值得「雅士」們[10]感興趣的題材，更已受到貴族階級的熱切關注。在十七至十八世紀，風雅之士化身精於辨賞的美食家，喜愛飲食並從中獲致情趣成為一種可以公開坦承的特質。

社會學家曼紐爾（Stephen Mennell）為上述解析做了補充性的說明。他指出這也要歸功於舊制度最後兩百年[11]食物供給的品質大幅提升，供應來源更穩定、更規律，種類也更繁多，在在有利於上流菁英培養美食品味，終於導致美食家的興起。一旦貴族和資產階級的食物供給充足而穩定，顯現身分地位的便不再只是菜餚的分量，更在於佳餚美酒的品質。

法國文化模式的核心要素

舊有飲食規範的式微、風俗文明化程序的進展、食物供給更充足等現象普遍出現在西方各國，而美食藝術之所以能在法國大放異彩，除了上述因素外，也因為法國隸屬於熱衷珍饈美饌的天主教界、有仿效宮廷文化的貴族階層，以及發展出一套歌頌豐富多元風土物產的論述。

想進一步了解貪饞美食文化的崛起，那就不能忽略法國君主專

---

[10]「雅士」（honnête homme）是指十七世紀法國上流社會溫文儒雅、博學多聞卻不會自視甚高的男人，類似中文的「君子」。
[11] 亦即十七、十八世紀。

制下政治勢力的重新分配。法國貴族的專擅領域自十七世紀起受到重新定義，他們越來越少上戰場，逐漸被排除在政權中心之外，於是奢華豐盛的餐宴成為他們在社交上找到存在價值的方式之一。以教育（禮節）與優雅（乾淨）為內涵的美食藝術在波旁王朝[12]時期發展出的精緻文化模式中特別容易蓬勃發展。同時，美食藝術樂於歌頌地大物博的王國以及它所出產的山珍奇饌，「輝煌大時代」的饕家及各路侯爵們讚不絕口的食物反映了法國風土人文的豐富，而誕生於十七世紀的法國新式料理摒棄異國辛香料，特別鍾情於地方出產的香料，即出於這種文化價值觀。寫過一本園藝指南和一本烹飪書的尼古拉‧德‧旁豐（Nicolas de Bonnefons）甚至自豪地把平凡無奇的香芹稱為「我們法國出類拔萃的香料」（1656年）。當時的法國菁英的確以為自己的國家優人一等；法國的「雅士美食家」之所以誕生，地理、政治、宗教與心態四個要素缺一不可。

一六五〇年代起出現許多料理書籍，烹飪語言變得更精準，貴族們也不再認為對餐飲藝術感興趣是不可告人的事，在在都有助於烹飪晉升至美學藝術之列。雕塑家紀堯姆‧卡登（Guillaume Cadène）在路易十四胞弟的封地聖克盧城堡庭院正面建造了八座雕像，分別代表不同的寓意：雄辯、音樂、青春、喜劇、舞蹈、財富、和平，而美食也落落大方地矗立其中。

這個演變將持續到西元十八世紀，而餐桌正是啟蒙運動時代充滿傳奇色彩的「甜美人生」的上演場所之一。攝政王奧爾良公

烹飪語言變得更精準，貴族們也不再認為對餐飲藝術感興趣是不可告人的事，在在都有助於烹飪晉升至美學藝術之列。

[12] 為法國王朝（西元 1589－1848），亨利四世為其始祖，傳至查理十世而終。

爵（1674－1723）因為在巴黎的王宮舉辦豪華晚宴而名留青史，來賓徹夜大啖美饌，放浪形骸、縱情艷色。饕家路易十五（1715－1774）則經常在凡爾賽、拉穆特（La Muette）和舒瓦西（Choisy）舉行小型晚宴，特別是在位於塞納河左岸、鄰近小鎮索歐（Sceaux）的舒瓦西鄉間[13]，國王宴請賓客時每一道佳餚並非由御廚料理，而是以天價請到當時巴黎名氣最響亮的大廚精心準備。於是一種嶄新的菜餚便在這樣的環境下誕生了，這種菜餚更為精緻、更有創意，並成為法國高級料理的鼻祖，目前一間享譽國際的高級料理殿堂命名為「路易十五」可謂其來有自[14]。正如兩位耶穌會修士布容（Guillaume-Hyacinth Bougeant）和布呂摩（Pierre Brumoy）在一七三九年的《科摩斯的天禮》序文中所寫：「雖然早在兩百多年前法國即已出現美味的料理，不過我們能很肯定地說，它從來不曾如此精緻，不曾以如此乾淨俐落的方式烹調，更不曾以那麼的細膩的品味鋪陳。」

不過我們不該因此將法國人的味蕾細膩度捧上天。當高尚儒雅的貪饞文化開始萌芽之際，暴飲暴食、狼吞虎嚥的行為依然屢見不鮮，即便皇室家庭也不例外。路易十四（1643－1715）有痛風和消化不良的毛病，荷蘭和德國若干專寫諷刺文章的作者抓到他暴食的把柄，將他從堂堂一國之君變成吃人妖怪，藉由他貪得無厭的胃口

---

[13] 路易十五於一七三九年選定舒瓦西的森林為狩獵地點，後來這個地方便稱為「舒瓦西國王鎮」（Choisy-le-Roi）。
[14] 即位於摩納哥的米其林三星餐廳「路易十五」（Le Louis XV），主廚為大名鼎鼎的亞蘭‧杜卡斯（Alain Ducasse）。

象徵他大舉侵占新領土的作風。傳記作家聖西蒙將路易十四的兒子「大王儲」（1661－1711）描繪成「整個人陷進肥肉和無動於衷裡」，由於經常消化不良，加上身材太胖，無法從事最喜愛的狩獵活動。攝政王的千金百麗公爵夫人（duchesse de Berry）則嗜吃甜食，常在國王款宴上暴飲暴食，躲在凡爾賽宮的候見室裡嘔吐，打道回府時爛醉如泥，遭受曼特儂夫人（Madame de Maintenon）[15]責罵，也成為祖母帕拉蒂尼夫人（Madame Palatine）的書信題材。百麗公爵夫人最後飽受痛風之苦，二十四歲就死於暴飲狂食，她荒淫無度的生活令皇室蒙羞，皇室決定在葬禮上取消追悼演說。至於路易十六（1774－1791）則在自己的喜宴上大吃大喝到嘔吐收場。無論如何，隨著時代演進，人們的眼光還是有所變化。路易十四的好胃口被視為一國之君生氣蓬勃的保證，但百麗公爵夫人或路易十六的暴食暴飲則受到當時輿論的道德譴責。

　　格里蒙・德・拉雷涅讚揚路易十五執政期間對美食藝術的發展頗有貢獻後，卻將路易十六的胃口描寫得不太討喜：

　　「他的繼任者年輕強壯，用餐時狼吞虎嚥而非細嚼慢嚥，對食物的選擇毫無品味可言。他心目中的美食不外碩大的肉塊、營養豐富的菜餚，而他旺盛的食慾讓他對任何能果腹的食物皆來者不拒，因此毋需精心料理美饌以刺激他的胃口。」

---

[15]路易十四第二任妻子。

空腹的復仇

　　法國大革命的諷刺漫畫善於利用路易十六的鐵胃以自圓其說。諷刺漫畫家利用半王子半食人獸的吃人妖怪經典意象譴責君主專制下的沉重賦稅，一改臣民眼中國王如慈父的正面形象。至於瑪麗安東尼這位一擲千金的「赤字皇后」則被畫成希臘神話中的鷹身女妖。

　　時常被皇室成員團團圍繞的國王被畫成現代版「高康大」[16]，大啖國境內生產的美食——《現代高康大與王室成員的貴族饗宴》、《葡萄酒神諭和世紀高康大》——或被畫成家喻戶曉的貪婪動物。在《稀有動物亦即王室家庭被送往聖殿塔[17]之情景，一七九二年八月二十日，自由第四年與平等第一年》裡，路易十六被畫成人頭火雞身。火雞源自美洲，胃口像無底洞，似乎永遠也填不飽，同時也是家喻戶曉的愚蠢象徵，這個形象令人聯想起吞噬人民財富的國王、來自異域的怪物、君主在政治上的懦弱，以及不甚高尚的養雞場意象。

　　不過最常用來代表國王的動物是公豬。在諷刺路易十六的大革命漫畫中為數半數以上都使用公豬。中世紀以來為人熟悉的動物群像中，公豬除了影射貪食的國王，牠連帶的色慾意味也讓人聯想到皇后以及她那些下流的性勾當，而大革命前的反動宣傳文字到處散佈瑪麗安東尼皇后用「大胖豬」這個外號叫她的夫婿。由於被大肆傳播，大革命最初數年間，豬仔國王的形象不僅促使君主地位喪失神聖性，同時也預言國王死期將至，因為豬仔終究難逃被宰殺的命運。這不就是《啊！該死的畜生？》這幅畫的內容嗎？一位愛國的

大革命最初數年間，豬仔國王的形象不僅促使君主地位喪失神聖性，同時也預言國王死期將至，因為豬仔終究難逃被宰殺的命運。

農夫帶著狗將一隻國王頭豬身的胖豬仔趕到牲畜棚，我們都已猜出這隻豬的下場了：「啊！該死的畜生呀，牠整天拚命吃，讓我很痛苦，牠不只一身油肥，還吃到舌頭下長寄生蟲，我從市集回來，我實在不知道該拿牠怎麼辦。」

路易十六貪得無厭的饕餮大胃也成為英國諷刺漫畫的題材。在約翰·尼克森（John Nixon）和克魯克香克（Isaac Cruikshank）繪於一七九一年的諷刺漫畫《貪吃鬼，胖鳥慢飛，延宕引發危機》中，描繪王室家庭於一七九一年六月二十一日在逃往比利時的路上

16Gargantua，法國文藝復興時期作家拉伯雷《巨人傳》一書的主角巨人。
17聖殿塔（Tour du Temple）位於今巴黎瑪黑區，是中世紀聖殿騎士團所建立的堡壘，法國大革命期間被用來關押皇室成員。

英國諷刺漫畫，《胖鳥慢飛》（*Heavy Birds Fly Slow*），一七九一年。

於瓦杭納（Varennes）的一家客棧裡被捕的場景。妖嬌美麗的瑪麗安東尼對著鏡子整理領巾，同時擔心丈夫花太多時間用餐，因為如果他們想離開法國，要趕的路還很漫長：「快一點，我親愛的路易，你還沒吃完那兩隻火雞，還沒喝完那六瓶酒？你知道我們得趕去蒙梅迪吃晚餐呢。」[18]同一時間來了一位檢察官，通知國王他被逮捕了。大腹便便、滿臉臃腫的路易十六則坐在一隻烤火雞、兩瓶酒前準備要大快朵頤，他只是回答：「去你X的鬼，讓我好好吃完吧。」王室家族在瓦杭納被捕後所出現的各種宣傳小冊、諷刺畫裡，國王因應逃亡所做的各種喬裝術中，扮成胖修士和庖丁最耐人尋味。著名的英國諷刺漫畫家詹姆斯・吉爾雷（James Gillray）在《路易十六與妻小訣別，一七九三年三月二十日》裡也借用暴食和酗酒來嘲諷波旁王室。畫中若干士兵試圖分開國王和他的家人，國王一臉呆滯，緊緊抓著酒壺和酒杯，而餐桌上則擺著一隻熱氣騰騰的烤雞和另一杯酒，這下癡肥的路易名符其實地「夾在兩杯酒之

英國諷刺漫畫，《路易十六與妻小訣別》（*Louis XVI taking leave of his wife and family*），一七九三年。

間」[19]，似乎還搞不清楚發生何事。

　　從近代時期到今天，諷刺漫畫家經常拿肥胖以及人與食物和酒之間的關係來做文章。因此十八至十九世紀出現的反教士主義經常在肥胖教士和清瘦的耶穌會修士之間搖擺不定，教士臃腫的身材和紅通通的臉蛋象徵社會的寄生蟲和國家的異物，他們貪圖己利，完全不顧人民的死活。那些諷刺漫畫家也抨擊教士的虛偽，既無意傳布福音亦無基督慈悲為懷的精神，只顧著滿足口腹之欲。而耶穌會修士身材瘦骨如柴則代表修士狂妄的野心和不斷侵蝕他的隱疾，也象徵耶穌會修士帶給國家的危險。

　　十九至二十世紀的政治漫畫仍然將貪饞者的身形與狼吞虎嚥、暴飲暴食、放縱胃口畫上等號，從前高尚的豐腴體態又被描繪成大腹便便，甚至肥胖到極點。我們能從這些繪畫裡找到貪饞者的傳統形象，他們被畫成寄生蟲、唯利是圖者，甚至被畫成吸吮人民鮮血的水蛭。反對自由經濟主義的人士繼續在身材肥胖上做文章，囤積脂肪等於囤積財富，光是一個渾圓的肚子就足以代表肉體的放縱無度，因此成為異物的象徵，必須排除它才能讓身體恢復健康。現代漫畫家也競相畫胖子，並時常讓他戴高帽、抽雪茄，來諷刺老實的胖鄉紳、工業資本家或貪心的銀行家。

---

[18] 蒙梅迪（Montmédy）位於今天的法國默茲省，與比利時交界處。
[19] 法文「夾在兩杯酒之間」（entre deux vins）有半醒半醉之意。

布希亞－薩瓦蘭（Antelme Brillat-Savarin），《味覺生理學》，卷首插圖，一八四八年版，巴黎，法國國家圖書館。

Chapter 5

美食雄辯的年代

自從布希亞－薩瓦蘭出現以後，我們不再以身為美食家而汗顏，不過我們寧死也不願被視為饕客或酗酒者。饕客只會將食物往肚子裡送，但美食家由果溯因，精於分析、習於論辨、對掌故有研究，顧及實用與愉悦、美感與美味。他活得自信有尊嚴，擁有敏銳知覺，溫文儒雅又富有鑑賞力，如果有錢的話更好。

皮耶爾・拉魯斯（Pierre Larousse），《拉魯斯通用詞典》（*Grand Dictionnaire universel*），一八六六年－一八七六年。

美食家多登－布仿受難記》（*Vie et passion de Dodin-Bouffant*，一九二四年）的主人公多登－布仿法官[1]首度現身的場景在自己的書房，與《饕客年鑑》第一卷的卷首插圖（1803年）不謀而合，他身邊圍繞著以愛好美食著稱的路易十五執政時期的料理書籍、裱框菜單以及法國美食文學鉅著。這位馬塞爾・魯夫（Marcel Rouff，1877－1936）筆下的主人公宛如美食家布希亞－薩瓦蘭的化身，認為美食是生活的藝術，也是一種哲學，甚至是一種宗教。光是小說名稱《美食家多登－布仿受難記》便瀰漫聖徒傳的味道。首先，多登－布仿法官那位廚藝無人能出其右、足以媲美藝術家的廚娘撒手人寰；後來出現一位外國王子千方百計想引誘他的第二任廚娘；他曾兩度因為美色的誘惑而錯失品嚐珍饈的良機；他飽受痛風反覆發作之苦並做溫泉療法，然而治療地點竟在德國[2]。我們這位注重美食的主人公經歷各種嚴厲考驗，唯有厄珍妮・夏丹涅和阿黛兒・琶杜的廚藝能匹配他的品味與名聲。那些「認不出白花椰菜醬裡有一絲肉豆蔻的異國風味」、「辨識不出烤牛肉的肉品來自尼

---

[1] 多登－布仿中的「布仿」（Bouffant）在法文中有貪婪地吃、狼吞虎嚥或鼓脹之意。
[2] 也因此多登－布仿做痛風治療的同時也與美食絕緣。

維奈（Nivernais）[3]或弗朗什－康提（Franche-Comtch）」、「察覺不出菜薊泥是否撒了太多鹽」的賓客可要當心被人排擠，因為美食這檔事馬虎不得！《美食家多登－布仿受難記》出版於十九世紀畫下句點之後，當時法國高級料理已經席捲歐洲各地一個世紀之久，此書承襲法國美食論述的傳統，保留自大狂妄的口吻與文學風格。馬塞爾·魯夫運筆行雲流水，談起美食經來自得其樂，滔滔不絕，不需滑稽可笑的歪曲事實、虛浮的插科打諢或引用嚴肅的醫學論據，即能將餐飲的喜悅描寫得亦莊亦諧。誕生於十八世紀末的美食雄辯術憑其三寸不爛之舌讓貪饞登上大雅之堂，而珍饈美饌終於成為能被公開討論的話題。反觀在此之前長達數世紀時間中，基督教化的西方世界必須與主流當局捉迷藏兜圈子才能這麼做。

插科打諢和嘉年華狂歡

長久之間，西方文學作品中舉凡有關美食享樂的描寫一概不脫嬉鬧、荒誕、嘲諷與情色的手法，戲仿類的作品一旦採取聖徒傳的形式描述聖鯡魚或聖洋蔥的故事時，便可提及美食。讓我們看這部印製於十五世紀的小品《四種愚人佈道》裡如何描寫聖火腿與聖香腸苦難的一生[4]：它們被抹上鹽巴、吊在半空中、水煮、火烤、切片，最後被吞進肚子裡！這類作品藉由描述壯烈又滑稽的佳餚美酒大戰發揮類似狂歡節的宣洩功能。此外，無論就本義或就引伸的涵

聖火腿與聖香腸經歷苦難的一生：它們被抹上鹽巴、吊在半空中、然後被水煮、火烤、切片，最後被吞進肚子裡！

---

[3] 法國古代省分，絕大部分相當於今天的涅夫勒（Nièvre）省。
[4] 《愚人佈道》（Sermons Joyeux）為流行於中世紀的一種詼諧模仿天主教彌撒佈道的滑稽劇。

義而言，「廚灶拉丁文」常被用來做文字遊戲並製造戲謔效果；譬如在《巨人傳》的彌撒裡，以拉丁文「venite apotemus」（來喝吧）取代「venite adoremus」（來敬拜吧）。[5]

義大利倫巴第詩人佛蘭高的作品《巴杜斯》（1517年）開宗明義要將該書獻給肥美豐饒的繆思女神後[6]，敘述遊俠騎士帶著廚師等一行人從極樂世界出發到地獄探險、最後消失在大南瓜肚子裡。美食、料理方法、開創嶄新的詼諧詩（利用拉丁文做出涵義豐富的文字遊戲）[7]都是佛蘭高作品的基本特質。而佛羅倫斯詩人浦爾契滑稽模仿「武訓之歌」的戲謔之作《莫爾岡》（1483年），描述主角巨人莫爾岡與另一位矮巨人馬古特在飲食方面的蓋世功勛，傳統「武訓之歌」裡遊俠騎士展開心靈追索之旅的描寫付之闕如，取而代之的是兩大巨人絞盡腦汁尋覓食物填飽肚皮。基督騎士秉持的信念到了馬古特身上卻只剩下對烤雞、奶油、啤酒、葡萄汁以及美酒的信仰：「我相信，信其者得永生。」莫爾岡大啖饗宴時罔顧餐飲禮節，寧可將烤得半熟的整隻大象吞下肚，也不願留一根骨頭給其他賓客。而這場由菲洛門國王擺設的筵席讓馬古特得以撫平肚皮的

---

[5] 在法文裡，「廚灶」或「炊事房」有不夠嚴謹、品質低劣之意。根據《利特雷法語詞典》（Dictionnaire Le Littré），「廚灶拉丁文」意指蹩腳的拉丁文，據說這種說法源自耶穌會修士，修士們使用「廚灶拉丁文」跟僕人溝通。十八世紀法國曾流行一句俗語：「這種廚灶拉丁文，只有炊事房裡的學徒才聽得懂。」不過「廚灶拉丁文」也有滑稽打油詩之意。文中作者指出的本義，指的是和廚房、伙食有關的用語，如文中的喝，而作者指出的引伸涵義，指的應是滑稽打油詩。

[6] 佛蘭高循英雄史詩的慣例以一段禱詞為開場，祈求繆思賜予靈感，不過佛蘭高祈求的多是滿足口福的靈思。

[7] 利用拉丁詞和加上拉丁詞尾的義大利語寫成的詼諧詩，當時精英分子使用拉丁文，而市井小民使用通俗的義大利語。

《高康大》，古斯塔夫·多雷（Gustave Doré），彩色版畫，十九世紀。

皺褶，「吃飽喝足、變得圓滾滾的、像敷了一層聖油」。

　　無論是莫爾岡或是高康大，巨人的形象體現了大快朵頤、大飽口福、酣暢淋漓地豪飲等幻想，而且讓教會所鼓吹的價值和餐桌禮儀頓時變得荒謬可笑。這類包裝手法具有一定的重要性，因為它使關於狂飲豪吃的描寫獲得當權者的接納，而所有壯烈又滑稽的吃喝場景主要是想嘲諷那個無時無刻不欠缺糧食、不處於饑餓狀態的社會，從而掃除欠收的陰影與鬧饑荒的恐懼。

　　西班牙的惡漢小說也充斥對食物痴迷的幻想，這類流行於十六至十七世紀的偽自傳體小說以描述出身卑微的主人公的歷險故事為主。譬如有一位叫化子出身的少年小癩子從不曾填飽肚子，為了餬口不斷更換主人和地方，從薩拉曼卡（Salamanca）長途跋涉到托雷多（Toledo）：《托美思河的小癩子的人生》（*La vida de Lazarillo de Tormes*）作者將忍飢挨餓的不幸情節化為充滿喜劇與譏諷意味的場景。機靈小癩子的第一任主人是個奸詐又暴戾、雙眼失明的叫化子，小癩子好不容易才逃過他的緊迫盯人，成功偷走麵包和酒。有一天，小癩子又打算用蘿蔔把肥碩的烤香腸調包，在這個充滿喜感的橋段裡，瞎子主人把鼻子探進小癩子的嘴巴裡，結果小癩子把香腸吐得瞎子滿臉都是。他的第二任主人是個貪婪又吝嗇的神父，每隔四天才給他一顆洋蔥果腹，同時煞有介事地把洋蔥吹捧成珍奇美饌，簡直足以媲美瓦倫西亞的絕妙糕點！每個週六，這位神父會扔給小癩子一個啃過的羊頭，同時跟他說：「吃吧，好好填飽你的肚子，整個世界都屬於你！連教皇都吃得沒你好呀！」他的第三任主人是舊卡斯蒂亞（Vieille-Castille）[8]的小貴族，人雖窮但想當然爾

---

[8] 西班牙舊省名，中古世紀卡斯蒂亞王國北部，相當於伊比利半島中央山脈以北的地方。

志不能窮，常在餓得半死的小癩子面前讚揚吃得少是美德而且對身體大有裨益，而小癩子做獨白時不禁悲嘆忍飢挨餓竟然功德無量，並自嘲這樣他就永遠也死不了了！後來這位自命清高的貴族看到小癩子乞討的食物卻餓虎撲羊般地一掃而空，並交待小癩子覓食時可別太招搖，但話剛說完，他的債主們找上門來，他自己卻像個小偷般開溜。在《托美思河的小癩子的人生》裡，西班牙社會最重要的美德信仰與榮譽捱不過饑餓而走到被視如敝屣的下場。

　　然而，能否透過比較正經的手法來描寫美食享樂呢？食物依舊被視為庸俗卑微，因此嚴肅的文類一概不見其蹤影。莫里哀喜劇裡的人物可以進食，但是高乃依悲劇裏的人物卻不行，拉辛的詼諧劇《訴訟》（*Plaideurs*，1668年）是更好的例子，它是拉辛唯一一部出現人物吃喝場景的作品，這些人物甚至連袂審判一隻名叫檸檬的小狗，理由是這隻狗在廚房裡吃掉一隻緬因省大閹雞！近代法國文學裡，食物頻頻出現在寓言、滑稽小說、低俗搞笑的打油詩、情色小說等非主流的文類裡，不過卻在英雄敘事、悲劇或抒情詩中缺席。

要想光明正大地描述貪饞之樂，必須有個好藉口

　　只有健康醫學方面的論述才能嚴肅探討飲食娛樂，包括烹飪書，而這個現象至少到十七世紀中葉依然如此。義大利人文主義學家巴特羅密歐・薩基（Bartolomeo Sacchi，1421－1481）所著的《關於高尚的飲食娛樂與健康》（*De honesta voluptate et valetudine*）是歐洲第一本料理印刷文獻（約1474年），由書名即可推知該書以

指導讀者得到「高尚的飲食娛樂和健康」為目的。所有的食譜與食材都建立在營養學的基礎上，同時援引古代名家的看法，而出現在前言裡的讀者建言、烹飪方法、營養學考量以及蓋倫醫師的理論等，都可能是談論飲食樂趣的託詞。因此法國第一部探討新式料理的文學作品《法蘭西廚師》（1651年）一開場給予讀者的忠告便強調醫學健康的好處：

此書「教人用恰當的調味方式改善品質欠佳的肉類（食物）以獲得身體健康與心情愉快……以合理的開銷……調製燉肉以及其他肉類做成的佳餚來維持生命和健康，比花大錢吃藥、燉藥湯、看病或尋助其他麻煩的療法更令人愉快。」

這些是肺腑之言亦或只是找台階下的藉口？然而五年後皮耶爾・德・呂能（Pierre de Lune）為《廚師》（*Le Cuisinier*，1656年）所寫的序言則毫不掩飾對美食的喜愛：[9]

「我有幸為您數度調製佐料準備滿桌肉餡（美饌），我可以說從您身上發掘滿足味蕾的祕密，如果我帶著這個祕密入土，想必會受到後人指謫……講究飲食的雅士勢將受益匪淺，他們應該在自己的筵席上緬懷您，而每當我提供的燉肉使他們食指大動時，他們也該向您致上最誠摯的祝福。」

這篇十七世紀法國廚藝作品的序言特別值得注意，因為作者開誠布公地表明他的烹飪書打破傳統，建立在最新的饕饗概念上，而不拿有益健康為託詞，掩飾飲食享樂之實。其他十八世紀料理書籍

---

[9] 皮耶爾・德・呂能為十七世紀法國重要廚師。

的序文將維持一貫義正嚴詞的風格，儼然有如探究烹飪藝術的論文，甚至成為正式的聲明或宣言，《科摩斯的天禮》（1739年）著名的序文即為一例。

描繪食物的西方繪畫在表達美食享樂的方式上，似乎也依循類似飲食書的路線演進。自文藝復興時代起，西方歐洲對描繪食物的靜物畫或風俗畫情有獨鍾，因此有很長一段時間，藝術史學家不厭其煩地旁徵博引，闡釋畫裡出現的食物（譬如麵包、葡萄酒、油、水果、蔬菜、蛋、魚、肉、糕點等）有何道德和宗教層面的特殊意義，更從麵包和葡萄酒身上找到大量和耶穌基督有關的象徵，或是在長了蟲的水果中發現虛榮的徵兆。然而當時的人的確有如此先知灼見的看法嗎？或者只是一個藉口，讓畫家能名正言順地描繪這些令人垂涎欲滴的食物，就像料理書籍需要有對身體有益的托詞才能討論美食，而畫家必須引用神話典故才能描繪一絲不掛的胴體？

然而到了十八世紀，這種矛盾情結開始瓦解，這類藉口也就沒有存在的必要了。一七六三年的羅浮宮沙龍展上，狄德羅（1713－1784）欣賞巴黎畫家夏丹（Jean Simeon Chardin，1699－1779）的靜物畫時能大方露出垂涎三尺的模樣，他說：「真想拿起這些餅乾並吃起來；這個酸橙，真想剝開它並擠出果汁；這杯酒，真想一飲而盡；這些水果，真想刨掉它們的果皮；這塊肉糜，真想拿把刀子插下去。」當時的人是否能夠開誠佈公享受佳餚的喜悅，而不必虛與委蛇？或者必須假藉宗教、道德或健康等托詞才能談論美食？美食文學與繪畫所提供的答案依循一條極為相似的路徑演進，值得我們重新檢視十六至十七世紀靜物畫和風俗畫的傳統詮釋方式，同時

Les audiences d'un Gourmand.

Dunant del.   Grimod de la Reyniere inv.   Mariage Sc.

4.eme Année.

Les méditations d'un Gourmand.

Dunant del.   A.B.L. Grimod de la Reyniere invt.   Maradan sc.

《饕客年鑑》第四年卷首插圖，格里
蒙‧德‧拉雷涅，一八〇六年。

《饕客年鑑》第二年卷首插圖，格里
蒙‧德‧拉雷涅，一八〇四年。

從歷史學家研究烹飪書的結果中得到啟發。

格里蒙・德・拉雷涅心目中老饕的生活藝術

　　身為農場鉅子之後的巴塔薩爾・羅杭・格里蒙・德・拉雷涅（Balthasar Laurent Grimod de la Reynière，1758－1837）被奉為美食文學之父。他所著的《饕客年鑑》（1803－1812）全書分為八大卷，為後世樹立嶄新的文學類型「美食專欄」，並歷久不衰。該書能廣受歡迎，除了格里蒙文筆幽默之外，更應歸功於書中描述的法國大革命後巴黎巷弄間「豐富味美的遊歷」和「一位饕客的漫步」。作者為讀者描繪一張巴黎美食地圖，標示出美味的膳食店、可口的餐廳，範圍包括喧囂繁忙的市場及環境優美的高級街區，也海納深受市井小民青睞、位於城郊的露天歌舞咖啡館（guinguette）等，於是巴黎首屈一指的肉鋪、豬肉製品店、巧克力店、乳品店、蒸餾酒窖、乳酪店、水果店、冰淇淋店、糕餅鋪、烤肉店、下水店、家禽肉鋪等輪番登場。此外，格里蒙也不忘提到餐盤店和餐桌布疋專賣店，因為餐桌裝飾藝術也攸關美食情趣。

　　《饕客年鑑》提及的餐廳、咖啡店、露天歌舞咖啡館都是當時餐飲界的第一把交椅；譬如在蒙達街的康卡爾岩石餐廳（Au Rocher de Cancale）能吃到最美味的牡蠣和最新鮮的魚[10]；義大

---

[10]《饕客年鑑》提及的康卡爾岩石餐廳位於蒙達街（rue Mandar），後來不敵經濟不景氣而於一八四五年歇業，翌年轉移到附近的蒙托格伊街（rue Montorgueil）上重新開張並持續營業至今。

利大道上的哈蒂太太餐館除了提供巴黎最道地的腰子和小肋排之外，格里蒙也強力推薦「名符其實的老饕」前往品嚐松露雞丁、松露豬腸捲以及扇貝洋菇；而城郊露天咖啡館才能嚐到最純正的「水手魚」[11]，載歌載舞的小酒館（cabaret）才吃得到最地道的奶油燴雞。格里蒙詳細描述店家的位置後，又以生花妙筆描述店裡的氣氛、裝潢，推薦佳餚，提供價格資訊，譴責欺詐行為，他還會提及店主的接待親切與否，或描述正在累積、瓦解或歷久不衰的口碑，甚至店家的改朝換代。他也不吝談論新穎的美食，其中又以甜點和糖果為主。最後他也不忘提供讀者數道食譜，像是如何料理刺柏鶇、釀番茄等，或找到上等食材的訣竅以及尊重歲時節令等忠告。

　　《饕客年鑑》的內容也包括基本禮儀，譬如「道德規範與享用美食準則」。一八○八年，格里蒙將這類內容集結成冊，做成「一本入門書……教人生活得宜的藝術和讓別人也生活得宜的藝術」，並定名為《東道主手冊》（*Manuel des Amphitryons*）。作者探討的內容包括如何寫邀請函、何時送出去、如何回覆、如何安排賓客座位、身為東道主的基本義務等，作者認為饕饗、涵養、合宜的舉止互有密切的關聯。基本上，真正的饕饗之學是高尚的教養，也是一種生活的藝術。一旦這個定義被確立，饕饗之學便需透過學習而來，因此用饕客一詞形容小孩就不甚恰當了。「叫小孩饕客太抬舉他了，我們頂多只能說他愛吃，因為他缺乏內涵與生活經驗以鑑賞美饌。」格里蒙作品的核心主題在於宣導饕饗的生活術，傳承自古

---

[11] 一種以酒和洋蔥烹煮的魚。

流傳下來的禮儀規範，格里蒙的目的是「認識饕饗禮節並具體行動」（《東道主手冊》），協助那些因為法國大革命造成的政治社會變動而新崛起的菁英分子學習舊制度的禮節規範。一位討人喜愛的饕客應該舉止合宜又善於與人交談，無論賓客或東道主都應該談話逗趣，懷著「愉悅的心情，如果心情不佳，最豐盛的饗宴也只能流於百牛大祭」。不吝於與人分享美食軼事或趣聞、才思敏捷、回答得妙語如珠，饕客談笑風生的同時也要避免霸佔發言權。用餐時，「依據喬芬夫人對某位年輕外省人提供的建議，備妥大刀子和小故事就對了！」《饕客年鑑》每一卷都會提供能為饗宴加分的珠璣集與小趣聞：

「一旦烤好的小乳豬端上桌，當務之急是趕緊讓牠變成貴族，

路易‧菲利伯（Louis Philibert），《致老饕》（*Au gourmand*），蔻瑟蕾食品雜貨店（La maison Corcellet）招牌，巴黎卡納瓦雷歷史博物館（Musée Carnavalet）。

換成舊法文的說法就是切下牠的頭」[12];「『世上的葡萄酒多得做不得彌撒,卻又不夠讓水車轉動,所以把酒喝了就對啦』,這是清規詠經團修會的財務教士最常掛在嘴邊的一句話」;「帕蒙帖先生能被奉為馬鈴薯界的荷馬、維吉爾以及西塞羅。」[13]

　　酒能助興,饕客兩杯下肚便豪邁唱起飲酒歌,而仕女們聽到黃色歌詞「想當然爾」滿臉飛紅。對話要逗趣又迷人,也要避免觸及政治等敏感話題(畢竟法國大革命才剛過十年),而「文學、表演、殷勤諂媚、男歡女愛、飲食藝術等都是製造趣味話題源源不絕的泉源。」

提升饕客的地位

　　儘管格里蒙的確在形式和內容上創造出全新的文學類型,不過卻在提升「饕客」(gourmand)一詞上嘗到敗績。十九世紀歐洲普遍偏愛「美食家」(gastronome)一詞;「饕客」一詞因為被基督教論述留下烙印而語意曖昧,而格里蒙使用「饕客」一詞其實頗有挑釁的意圖。格里蒙直到《饕客年鑑》第三卷問世才解釋為何使用該詞,同時假裝很詫異的樣子。

　　「根據法蘭西學術院辭典的定義,『饕客』是『饕餮之徒』、『貪吃鬼』的同義詞,『饕餮』是『暴食』的同義詞。不過我們認為這個定義不太精確,『饕餮之徒』和『貪吃鬼』應該用來形容那些

---

[12] 這段烤乳豬砍頭的故事應該是影射貴族上斷頭台一事。
[13] 帕蒙帖(Antoine Parmentier)十八世紀的藥師,讓原本不受法國人青睞的馬鈴薯變成餐桌上的常客。

不知節制、貪得無厭的人，而近幾年流行於文人雅士的圈子裡『饕客』一詞貶義頓減，我們甚至能說它的詞義變得比較高貴」。

提升「饕客」的地位仍得通過禮節這一關。名符其實的饕客與骯髒的饕餮之徒無論在道德、教育或外形上都南轅北轍。格里蒙筆下的「饕客」細嚼慢嚥，賞味食物的精華，臉上流露審慎、安詳的神情，最能代表他的器官是味蕾，胃只能算是一項工具。由於常和「挑剔」、「講究美食」、「味覺細緻」的等具有褒義的形容詞語相提並論，味蕾逐漸變成「饕客」的同義詞，使美食享樂變得更知性甚至靈性。格里蒙是美食批評與老饕論述的開山鼻祖，讓美食享樂與智性活動有了交集的可能。形式的產生是為了替內容服務，以便跟舊有的基督傳統劃清界線，而基督傳統以為清淡簡樸的飲食是提升靈性、淬鍊精神的必要條件。「饕饗」脫離了腹部－下腹這對被人鄙視的拍檔，轉而提升至討人喜愛的味蕾－大腦層次。每年出版的《饕客年鑑》卷首插畫裡的饕客外型即具體見證了這種嬗變。

格里蒙所用的「gourmet」與「friandise」二詞也顯示詞義轉變的趨勢。雖然當時「gourmet」的角色與酒鄉仍舊脫離不了關係，格里蒙也會讓他與固態食物的享用扯上關係。皮耶爾・拉魯斯的《通用詞典》（1866－1876）對「gourmet」的定義為「懂得欣賞美酒或珍饈美饌的人」，而十九世紀出現新詞彙「oenlogue」（葡萄酒工藝師、品酒師），使得「gourmet」的詞意更接近「gastronome」（美食家）。至於「friandise」一詞則逐漸摒棄鹹食而專門代表甜食，而且跟女人與孩童的世界息息相關。

「『friandise』尤其指一般人對各種美味可口的東西的喜好，亦

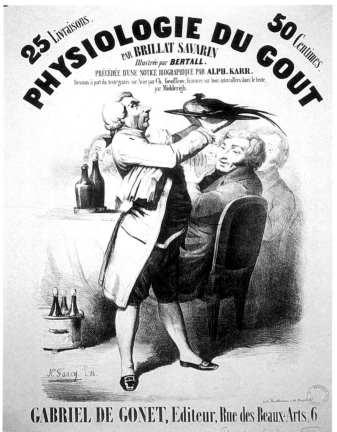

布希亞－薩瓦蘭的《味覺生理學》，一八二六年版。

版畫，出自布希亞－薩瓦蘭的
《味覺生理學》，一八二六年。

Brillat-Savarin.

即對所有以糖為主要成分的食物的喜愛，若說『饕客』在滿桌佳餚的筵席上吃完沙拉後便功成身退，『喜愛甜食者』（friand）總是等到甜點登場時才摩拳擦掌，這可一點也不假。」

「friandise」自此變成甜食的同義詞。「好食客吃過烤肉後便結束晚餐，而上過烤肉仍繼續大快朵頤者，只是出於奉承或禮貌。」我們能從一位法國作家的描述窺見甜食在當時的飲食文化上備受貶抑。

美食家的誕生

十九世紀剛萌芽之際，律師喬瑟夫・貝舒（Joseph Berchoux，1775－1838）與他的詩作《美食或用餐中的莊稼漢》（*La Gastronomie ou l'Homme des champs à table*，1801年）對豐富法國美食詞彙貢獻良多。絕大部分的詩評都著重在「gastronomie」（美食學）這個詞彙上。「gastronomie」是希臘詩人阿切斯特亞圖（Archestrate，西元前四世紀）的一首詩名的法文翻譯，完整詩文雖已佚失，但因希臘語法家阿特納奧斯（Athenaeus，西元二－三世紀）在所著的《歡宴的智者》（*Deipnonsophistes*）中援引部分段落而為世人所知。「gastronomie」直譯為「胃（gastro）的準則（nomos）」，它的涵義完全符合格里蒙認知中「gourmandise」的真正定義。「gastronomie」這個詞彙既能更加穩固美食是一門藝術也是良好教養的概念，同時迴避了「gourmand／gourmandise」這組詞所寓含的宗教曖昧性。格里蒙從《饕客年鑑》第五卷（1807年）

起開始使用「gastronome」和「gastronomie」兩個詞彙。

　　現在來到最後一部對美食論述的誕生厥功甚偉的作品：賈克‧安泰雷姆‧布希亞－薩瓦蘭（Jacques Anthelme Brillat-Savarin，1755－1826）的《味覺生理學》。布希亞－薩瓦蘭是熱衷美食的法國法官，他所撰寫的《味覺生理學》從不曾被人遺忘，打從一八二六年初版以來不斷再版，直到今天總共推出了五十多種版本。《味覺生理學》累積作者一生的經驗，全書設定了兩個目標：為一般人認定的「饕饗」下定義和提出「美食學」基本理論。如同格里蒙所認為，「饕饗」絕不同於狼吞虎嚥、暴飲暴食和酗酒；布希亞－薩瓦蘭心目中的「饕饗」首先是一種社會價值、良好的教養，而烹飪首先是一門藝術。

　　一如書名所示，布希亞－薩瓦蘭的原創性在於藉用科學的方法探索美食的樂趣。既然是一門科學，「美食學」就必須擁有專屬學院、專屬講壇、專屬理論家以及專屬實踐家。作者自稱為教授，提出一套關於餐飲娛樂的科學理論，一種建立在觀察與經驗基礎上的味覺「生理學」。這門新科學具有人文生理學和面相學的特性，同時涵蓋化學、解剖學、營養學、歷史以及民族誌等知識。而為了在美食享樂和嚴肅的科學知識之間取得平衡，布希亞－薩瓦蘭教授提出嚴肅的見解時也不忘穿插趣聞軼事、生花妙語、飲酒歌，給予如何舉辦精彩晚宴的忠告，提供歷史典故以及見解獨到的格言。他的論述不僅鞏固法國的美食王國形象，同時由於引用許多十八世紀下半葉的實例，而讓路易十五時期如日中天的餐飲藝術聲勢不墜。

　　「自從布希亞－薩瓦蘭出現以後，我們不再以身為美食家而汗

既然是一門科學，「美食學」（gastronomie）就必須擁有專屬學院、專屬講壇、專屬理論家以及專屬實踐家。

N° 18. — 1ʳᵉ ANNÉE.　　Le Numéro : **5** Centimes　　Dimanche 22 Octobre 1905.

LA CUISINE DES FAMILLES

RECUEIL HEBDOMADAIRE
de Recettes d'Actualité très clairement expliquées, très faciles à exécuter
Rédactrice en chef : Mᵐᵉ JEANNE SAVARIN

ALEXANDRE DUMAS : son Omelette aux Huîtres

Dumas père, qui, dans les dernières années de sa vie, tint à ajouter un livre de cuisine à son immense œuvre littéraire, aimait beaucoup faire chez ses amis une certaine omelette aux huîtres, dont il était l'inventeur et qui avait toujours un nouveau succès. — La recette d'Alexandre Dumas se trouve dans ce numéro.

熱愛美食的大仲馬著有《料理大辭典》（*Grand Dictionnaire de cuisine*），這篇「牡蠣炒蛋」食譜即出自該辭典。

顏，不過我們寧死也不願被視為饕客或酗酒者。饕客只會將食物往肚子裡送……」詞典編纂家皮耶爾‧拉魯斯在《拉魯斯通用詞典》（1866－1876）中針對「美食」（gastronomie）詞目所做的釋義，一方面確認布希亞－薩瓦蘭的美食評論和美食家（gastronome）一詞的成功，一方面宣告格里蒙‧德‧拉雷涅的失敗，「gourmand」（饕客）和「gourmandise」（饕饗）這兩個詞彙也跟著難以翻身了。

法國美食論述在歐洲的優越地位

在法國醞釀成形的美食論述儘管源自本土，但自命不凡地宣稱能夠放諸四海皆準，而自命不凡正也是法蘭西的特質。整個十九世紀期間，歐洲其他國家也開始發展美食論述，而從這些國家競相採用法文相關詞彙亦可略見一斑。「gourmet」一詞於一八二〇年被納入英語[14]，而英國在採用「gourmet」前後陸續出現、並且流行過相當長一段時間的其他詞彙也都證實了法國在美食樂趣的理論化方面的確扮演龍頭老大的角色。這些新詞彙包括gastronomy（1814年）、gastronomer（1820年）、gastronome（1823年）、gastronomic（1828年）、gastrology（1810年）、gastrologer（1820年）、gastronomist（1825年）、gastronomous（1828年）、gastrophile（1820年）、gastrosophy（1824年），還有這個多麼富於英式法國況味的詞：gourmanderie（1823年）！

---

[14]gourmet：精於辨賞的美食家。

法國的影響力不僅侷限於詞彙而已。英國的《老饕年鑑》（*The Epicure's Almanach*，1815年）從《饕客年鑑》汲取靈感，為讀者鑑賞倫敦各大餐廳與膳食店鋪。格里蒙也曾引以自豪地提及《饕客年鑑》首卷發行德文譯本《講究美食者年鑑》（*Leckermauler*，漢堡，1804年）。一八一〇年貝舒的詩文被譯成英文（《美食，或講究美食者的指南》），十年後被譯成西班牙文（《美食或餐桌上的樂趣》〔*La gastronomia o los placeres de la mesa*〕，1820年），一八二五年譯成義大利文（《美食或吃得好的藝術》〔*La gastronomia ovvero lvero llia ovvpranzare*〕，一八三八年又推出新譯本（《美食術即培養饕客之道》〔*La gastronomia cioè ammaestramento ai bravi mangiatori*〕），一八五六年譯成葡萄牙文。至於布希亞－薩瓦蘭的《味覺的生理學》，它甚至在一九一二年被譯成匈牙利文。由於十九世紀的歐洲菁英都能直接閱讀原文版，這些數量可觀的譯本顯示法國美食書閱讀群的社會階層向下擴增。

一八二二年英國美食家史鐸金（Launcelot Sturgeon）在《關於美好生活這門學問的道德、哲學和胃口學論文集》（*Essays, Moral, Philosophical and Stomachical on the Important Science of Good-Living*）中給「epicure」（即gourmet）下的定義透露格里蒙的作品應已被引介到英國。

「暴飲暴食其實也是一種在胃口上盡點力的表現，最粗俗的漢普郡（Hampshire）五花肉大胃王也能因此媲美商賈名流中最高貴的海龜食客；美食主義是由『上天所賦予最極緻的稟賦』所塑造，亦即一種既細膩又有選擇能力的品味，具有味蕾的屬性；前者則具

有肚子的屬性。」

英國十九世紀的飲食文學繼續追隨格里蒙・德・拉雷涅與布希亞－薩瓦蘭所樹立的法式典範，而二十世紀的英國飲食文學則出現一位多產作家安德雷・路易・西蒙（André Louis Simon），他是一位定居於英國的法國人。義大利的飲食文學也不脫巴黎文化典型，譬如米蘭醫生哈伯蒂（Giovanni Rajberti）的作品《向人民解釋接待的藝術》（*Arte di convitare spiegata al popolo*，1850年），而義大利文的「bongustaio」（擁有良好口味者）相當於法文的美食家（gastronome）。西班牙也深受法國美食論述的影響。馬德里大廚安哲爾・穆羅（Angel Muro）聲稱師從大仲馬、布希亞－薩瓦蘭、格里蒙・德・拉雷涅以及卡漢姆（Carême）、古菲（Gouffé）等名廚[15]，他曾在巴黎住過二十一年之久，著有《通用美食詞典》（*Dictionnario general de cocina*，1892年），但他更重要的作品《行家》（*El Practicón*，1894年）是西班牙飲食文學的暢銷書，自一八九四年至一九二八年之間至少發行三十四種版本。穆羅經常引用法國美食重要作品，並加以評論或直接舉出某些段落，譬如《行家》裡探討餐桌禮儀的篇章即以布希亞－薩瓦蘭的名言揭開序幕：「動物狼吞虎嚥而人吃東西，但唯獨有智慧的人才真正懂得吃。」

「動物狼吞虎嚥而人吃東西，但唯獨有智慧的人才真正懂得吃。」（布希亞－薩瓦蘭名言）

饕饗之學成為文化資產

---

[15] 卡漢姆（1784－1833），法國名廚，有「主廚中的君王，君王中的主廚」之稱。古菲（1807－1877），法國名廚，有「裝飾性廚藝的使徒」之稱。

有了口才辨給的老饕背書，美食藝術才能晉身文化資產之列，況且二十世紀講究休閒的社會成功地將地方性的特色美食變成觀光王牌。美食觀光業與汽車的發展淵源深厚，並隨著旅遊指南的崛起而蓬勃起來。這些星級美食路線其實起源於一家法國輪胎公司。第一本《米其林指南》（Guide Michelin）誕生於一九〇一年，自一九二〇年代起開始推薦食物，接著評鑑餐廳並授與星等，於是從巴黎經由勃艮地、里昂到蔚藍海岸的主幹道沿途矗立著一座座法國美食殿堂。義大利於一九三〇年代也推出美食旅遊書，專門介紹地方菜並宣揚義大利半島豐富的物產，例如自行車俱樂部（Touring Club）發行的《義大利美食指南》（Guida gastronomica d'Italia，1931年）和莫奈利（Paolo Monelli）所著的《漫遊的饕客》（Il ghiottone errante，1935年）。這些觀光指南一本接著一本地鼓吹各地美饌佳餚，逐步將地方美食提升為尊貴的資產，與名勝古蹟或光榮史蹟一樣重要。

　　此外，法國或歐洲公權力機構所制定的「原產地法定管制制度」（A.O.C.）、「原產地法定受保護制度」（A.O.P.）、「受保護地理標識制度」（I.G.P.）不僅勾勒出政治正確的美食版圖，也有效地將地方特產變成文化物產，並灌輸給消費者知道。這些物產貼了上述標籤，其實是想吸引消費者認識一地的風土、技藝與相關歷史。而觀光客不敵誘惑，心甘情願捨棄海灘、度假村，而改走酒鄉之路，造訪美食之城，接受地方飲食文化的洗禮。歐洲報紙除了在「烹飪」專欄名正言順地介紹美食，旅行、逍遙遊或週末假期等版面也常出現它的芳蹤。

今天，饕饗以文
化的藉口提升地
位。

今天，饕饗以文化的藉口提升地位。而美食的確和一座城市、一個省分、一個國家的認同有密切關係，哪怕只是一道菜餚的名稱，比利時就是最好的例子。蒙塔涅（Montagné）與高查克（Gottschalk）合著的《拉魯斯美食詞典》（*Larousse gastronomique*，1938年）把比利時描寫成「高級美食的國度」、「饕饗之鄉」，這種說法應歸功於比利時菜分量驚人，譬如法蘭德斯燉鍋（waterzooi）或瓦隆肉腸培根鍋[16]，也拜比利時手工食品（巧克力、啤酒）的美譽所賜，而比利時人喜愛飲宴作樂的天性亦有推波助瀾之效。但是這個形象其實也是二十世紀初期歷史建構計畫的結果，當時的比利時政府為了讓人民對創建於一八三〇年的新國家產生更深刻的認同感，將所謂的比利時菜餚和法蘭德斯畫家喬登斯（Jordaens）、魯本斯（Rubens）或布魯格爾（Bruegel）畫布上豐盛的食物畫上等號。如果「比利時性」（belgitude）的確存在，其中一個特質便是「愛吃」。[17]

一旦饕饗之學成為學習的對象，因而被視為一種文化，一種能產生歸屬感的生活藝術，換言之就是一種能夠塑造族群認同的傳統資產，那麼饕饗之學被登記為文化遺產再合理也不過。法國對此深信不疑，並將飲宴作樂、用餐對話、美食享樂以及身為東道主的藝

---

[16] 法蘭德斯燉鍋以雞肉或魚肉為主加上一些蔬菜燉煮而成，瓦隆肉腸培根鍋則由肉腸、培根、馬鈴薯、胡蘿蔔、洋蔥等煨煮而成。法蘭德斯是比利時北部荷語地區，瓦隆是比利時南部法語地區，作者舉出這兩道菜以涵蓋整個比利時。

[17] 「比利時性」指比利時的全部文化特徵；或是對作為特定文化主體的比利時所產生的歸屬感，「比利時性」（belgitude）一詞其實仿「黑性」（négritude）一詞而來，二十世紀二〇、三〇年代，法語界黑人知識分子曾發起拒絕殖民主義與種族主義的「黑性運動」。

術等作為申請將法國傳統美食於二〇一〇年列入聯合國教科文組織
「非物質文化遺產」的主要訴求[18]。在該項申請案中，美食的定義
非常接近格里蒙‧德‧拉雷涅曾經極力捍衛的饕饗概念。

---

[18]聯合國教科文組織已於二〇一〇年將法國傳統美食文化列入世界非物質文化遺產。

讓·貝羅（Jean Béraud），《格洛普點心店》（*La Pâtisserie Gloppe*，巴黎香榭麗舍大道），
一八八九年，巴黎卡納瓦雷歷史博物館。

Chapter 6

貪饞
弱勢性別的弱點

饕家的貪饞行為也包含對小點心的喜好，亦即偏愛精
緻、分量少的輕食，以及果醬、糕點等，這種新式的
飲食顧及女人以及與女人相似的男人的需要。

布希亞－薩瓦蘭，《味覺生理學》，一八二六年，第九
章，〈關於貪饞〉。

莎布萊侯爵夫人（Madame de Sablé，1598－1678）[1]沙龍所招
待的酒菜在當時巴黎貴族社會中堪稱數一數二，甚至吸引
暱稱為「殿下」的國王胞弟捨棄宮廷尚膳官侍奉的美饌而到此大快
朵頤[2]，而思想家拉羅什福柯（Rochefoucauld）則對胡蘿蔔湯、蔬
菜燉羊肉和燉牛肉，以及梅乾閹雞念念不忘，這些菜餚之所以如此
美味全歸功於侯爵夫人細膩的品味。拉羅什福柯一邊思量著自己即
將從這位嘴很挑的女主人那邊接受「兩盤前人不屑一顧的果醬」一
邊垂涎欲滴，或做道德箴言跟她交換好菜食譜，或憧憬著女主人跟
他揭開「碎泥澄醬祕思泰爾蛋糕（mystère）」、「真正道地果醬」等
祕密，讓他一探究竟。莎布萊侯爵夫人是個喜愛美食的老饕，而塔
爾芒・德・黑歐（Tallemant des Réaux）以充滿尖酸的筆觸把她描繪
得甚為貪饞。他把她刻畫成裝模作樣的貪吃鬼，老是發明一些新奇
的「詐術」──也就是甜點心或鹹小吃──還會毒辣地批評《法蘭
西廚師》（1651年）裡的食譜；《法蘭西廚師》是第一本見證新菜
餚正在醞釀成形的文學作品，而侯爵夫人說它「沒有半點價值」，

---

[1]相傳法國一種叫做「莎布萊」的奶油酥餅即以莎布萊夫人命名。
[2]指法王路易十四的胞弟奧爾良公爵。

「它這樣愚弄世人應該被處罰」。莎布萊夫人對自己擁有世界上最細膩的品味而沾沾自喜，容不得「有人不嚐佳餚美饌」。她對美食的貪饞顯然超出合理範圍，但是否還算得上正派高尚？她「怎麼做也無濟於事，她不能把魔鬼趕出房子，因為魔鬼利用她的廚房做掩護。」她的一位好友如是說！塔爾芒・德・黑歐則說過：「另外，自從篤信宗教以後，她也變成世上最貪饞的老饕。」一句話言簡意賅地點出她的放縱與偽善，同時質疑侯爵夫人貪戀美食的行徑。他也玩弄「貪吃」（friand）乃至「詐術」（friponnerie）這些字詞在當時法文中充滿曖昧的性愛意涵，影射侯爵夫人喜愛香豔刺激的露水私情，並藉此提出女人貪饞可能導致的怪僻：性愛成癮。三十年後，弗荷帖（Furetière）在闡釋動詞 friponner 的涵義（即「在正餐以外的時間吃東西」）時，只給了一個例句：「女人總會在口袋裡放一些能 friponner（當零食吃）的東西」，可見他認為貪饞是非女性莫屬的行為。當貪戀美食被這樣理解成對零食的偏好，它是否代表第二性的一個弱點，象徵一種先天上的意志薄弱？

女人與嗜甜食

女性對甜味有特殊喜好是很久以前就被拍板定案的觀念。中世紀最後數百年的教士便已討論這個主題，他們譴責女人無時無刻不啃食糖果、甜食與蜜餞，嚴重到足以讓做丈夫的傾家蕩產！十八世紀初年，司拉爾（Frederick Slare）醫師表達出他對民眾食用含糖製品的觀點；他自然而然就把《為糖辯護，對抗威利斯博士的控訴》

他們譴責女人無時無刻不啃食糖果、甜食與蜜餞，嚴重到足以讓做丈夫的傾家蕩產！

（*A Vindication of Sugars Against the Charge of Dr. Willis*，1715年）獻給女性讀者（to the Ladies）。如果糖屬於女性的世界，男人吃糖就是缺乏男性氣概的作風。在反對宗教者塑造的刻板印象裡，教士由於喜愛糖、巧克力、果醬而被歸類在女人的世界中。女人與糖的關聯深植於集體想像中，即使到了二十世紀，女性雜誌還會毫不遲疑地告訴孕婦，如果想生女孩就要多吃甜食，想生男孩就該多吃鹹食！

　　食物贈與這個廣泛流傳於社會上的古老習俗證明人類文化確實把女人與甜食聯想在一起。一五六八年，梅茲市贈與查理九世和凱薩琳・梅第奇黃香李蜜餞，一世紀後的一六七八年，梅茲市進獻路易十四世的妻子瑪麗・泰瑞莎・奧地利一百罐「乾果醬」（水果軟糖）、七十罐去皮黃香李、三十罐白覆盆子。十九世紀初年，《饕客年鑑》系列每一年推出的新作都會向巴黎的糖果師傅們致意，褒揚他們發揮創意巧思，不斷推出新糖果，供那些愛獻殷勤的男士作為饋贈佳人的節慶禮物。每一種甜食都冠上富有暗示性的名稱，譬如杜瓦糖果店的糖果有「致您的迷人魅力」、「致高貴」、「致忠貞」、「致溫柔」、「敬此情不渝」之類附有小格言的牛奶糖，貝特樂莫糖果店則有「繆思糖」、「愛情玫瑰」、「蟄伏的愛」、「愛情貝殼」、「沉睡的維納斯」等各式各樣的酒心糖。直到今天，英語系國家的男士在情人節送巧克力或其他糖果給女朋友的習慣依然延續著早期送糖果表情意獻殷勤的習慣，而義大利「貝魯加之吻」巧克力包裝盒深藍色背景上浮現出一對纏綿的情侶，也流露出類似的意象。

　　女人和糖的共通點——甜美——促成人們在這兩者之間產生聯

尼古拉‧德‧拉默森（Nicolas de l'Armessin），《糕餅女師傅》（*La Paticierre*），版畫，十七世紀末，巴黎，法國國家圖書館。

想。歷史學家佛蘭德林（Jean-Louis Frandrin）不就說過糖是「甜美性情的實質化身」？我們也能從許多歐洲語言獲得印證，德語的「Süßigkeiten」，英語的「sweets」，西班牙語的「dulces」，法語的「douceurs」，義大利的「dolciumi」，葡萄牙語的「doces」等源自「甜美」的複數名詞，都是糖果之意。至於白色，它除了顯示精製糖的純淨，也象徵女性柔美的一面。

準備甜點是女主人的特權。法國農學家德賽爾（Olivier de Serres）在其所著的《農業劇院》（*Théâtre d'agriculture*，1600年）裡描述的賢惠家庭主婦會懷著「喜悅與榮幸之情招待臨時登門造訪的親朋好友，並費時精心準備一大桌的各式果醬，它們的精美可口絕不輸大城市釀造的極品；在鄉下生活的她靠的可都是僕人的協助，哪有糖果店讓她購買精美甜食。」斐能隆（Fénelon）主教（1651－1715）闡述婦女的義務時，強調必須了解僕人工作內容以便管理他們，但在第十二章《關於少女的教育》（*De l'éducation des filles*，1696年）中，他在上甜品的部分只舉出唯一一個工作項目：「上水果」。

西班牙黃金年代期間，貴族社會中由婦女負責傳承，且針對婦女所寫的食譜皆以甜食為主，譬如著名的杏仁牛軋糖（turrón）、榅桲軟糖（carne de membrillo）、酥皮糕點（hojaldre）、甜甜圈（rosquilla），以及一種圓錐狀格子鬆餅 suplicacione，類似法國的「威化餅」（oublie）或「樂趣餅」（plaisir）。同樣地，在英國，傑維茲・馬克漢（Gervase Markham）在《英國家庭主婦》（1615年）中指出，不擅「宴客事務技巧」（banqueting stuff）的婦女只能稱

得上「做好一半工作的家庭主婦」。這項生活藝術包括打點出各式水果、甜點、榲桲軟糖、薑餅蛋糕、杏仁餅、格子鬆餅、果凍（leach）以及果醬、燉西洋梨（warden）、烤蛋白霜（jumbal）以及葡萄乾夾心酥餅（banbury cake）等糕點，讓賓客一邊享用甜點一邊啜飲肉桂滋補酒，大飽淑女紳士們的口福。一個半世紀後，英國人對甜食的喜好益加根深柢固，漢娜・格蕾絲（Hannah Glasse）在其所著的《甜食達人》（*The Compleat Confectioner*，倫敦，約1760年）中不禁讚嘆「準備蛋糕、甜點」是多麼「愉快的娛樂」。除了愉快也很實用，因為女主人能趁機展露設計甜點的巧妙技術，以糖雕、瓷雕、彩色果凍雕加以裝飾。作為一種女性化的食物，甜點的一大特色是富有裝飾性；格里蒙・德・拉雷涅則一派優越地說這些都是「不值一提的小玩意」。

女人缺乏鑑賞佳餚的能力

　　就文化上來看，自古以來女性即被視為與糖果、糕餅等甜食的世界有著異常密切的關係，而這也透露出男性在餐飲情趣這個議題上將女性侷限在某種偏狹的角色中。換言之，女人具有真正的飲饌能力嗎？她們能稱為精於辨賞的美食家或品酒家嗎？亦或者她們天生就缺乏鑑賞佳餚的能力？對於這些問題，盛行於十九、二十世紀之間的法國美食論著都有清楚截然的答案。打從美食界的開山祖師格里蒙與布希亞－薩瓦蘭等人的飲食書起，女人便一直被囚禁在甜點王國裡，她們也因此被隔離在美食精英的圈子之外，尤有甚者，

女人和小孩一樣喜歡糖果和甜點！格里蒙指出甜點的設計與安排「特別能討小孩與美女的歡心，而在這一點上，美女和小孩一樣幼稚。」

女人和小孩天生嗜甜，因此特別偏愛糖果，這種不學自通的品味特別適合那些因為發展未臻健全而被視為弱小不成熟的人。一八〇四年巴黎推出獨幕通俗喜劇《老饕學堂》（*L'École des gourmands*）即闡揚這個原則，古蒙丹先生是喜愛精緻佳餚的老饕[3]，試圖將自己奉為圭臬的美食經傳授給他的教子，但他的妹妹卡拉梅爾夫人[4]卻無法一窺堂奧，在他眼中，這個妹妹「向來喜愛甜點」，而且她這種「偏好純屬天性」。

社交生活記者胡克普朗（Nestor Rouqueplan，1805－1870）在《巴黎人》（*Parisine*，1869年）中為所謂「城市餐會」下定義時指出：「如果是一場美食聚會，那就意味著它將會是很正經的約會、很嚴肅的考驗，如果我們徵詢美食饕家、品酒人士、精於餐飲的行家，那麼他們會異口同聲地表示：第一要務就是把女人排除在外。」女人會擾亂男人，使之無法專心品嚐佳餚，沙堤雍－普雷希斯（Chatillon-Plessis）在《十九世紀末的餐飲生活》（*La Vie à table à la fin du XIXe siècle*，1894年）中也提出類似的看法：「純男性的聚餐才能充分發揮知性，品鑑佳餚，而迷人女子的作陪極具破壞力，因為基於禮儀必須對她們投以全然的關注。」

如果格里蒙和布希亞－薩瓦蘭接受與女人同席，那是為了能夠

---

[3] 古蒙丹（Gourmandin）這個名字即取自 gourmand（貪饞、老饕）一字。
[4] 卡拉梅爾（Caramel）與「焦糖」同義。

欣賞一隻又細又白的手把輕輕叉在叉子上的一小塊肉優雅地帶往鮮紅的嘴裡，但絕不是為了聽取她們對飲饌的鑑賞。格里蒙・德・拉雷涅推出的期刊名稱《美食家與美女報》（*Journal des gourmands et des belles*）即將兩性截然劃分開來，後來該刊物更名為《法國饕客，或曰現代酒吧晚餐》（*L'Épicurien français, ou les Dîners du Caveau moderne*），意圖更是昭然若揭：「我們隨時樂意頌讚美女們，也以她們為素材做了一些歌曲，但我們絕不能讓她們和我們的盛宴扯上關係，因此《美食家與美女的日記》這個名稱不太適合本刊物，我們決定採用另一個更適合我們這個團體的名稱。」

十九世紀的小說裡出現的美食家清一色都是男性，譬如在左拉的《家常瑣事》（*Pot-Bouille*，1882 年）中，講究美食的巴施拉（Bachelard）邀請杜維西耶（Duveyrier）到著名的「英國咖啡館」用餐，他也邀請屠布羅（Trublot）和格蘭（Gueulin）等男性友人，「但不會邀請女人，因為女人不懂得吃：她們完全不懂得品鑑松露，讓人看了消化不良。」多登－布仿邀請的也一律是男性賓客，而且都是單身漢，一如義大利導演馬可・費雷里（*Marco Ferreri*）一九七三年的電影《極樂大餐》（*La Grande abbuffata*）裡，法官菲利浦不屑邀請女人，深怕她們會破壞四位朋友之間的「美食討論會」。十七世紀語文詞典裡，friand（貪嘴〔者〕）和 gourmet（愛好美食〔者〕）這兩個詞曾經有女性形式[5]，到了十九世紀，gourmet 的詞義趨於男性化，較新近出現的詞彙 oenologiste 或 oenologue（葡

---

[5] 這兩個字的陰性型態是 friande 及 gourmette，但在現代法語中已不再使用。

Un Caualier, Et vne Dame beuuant du Chocolat

Ce jeune Caualier, et cette belle Dame
Se regalent de Chocolat ;

Mais l'on voit dans leurs yeux vne si viue flame
Qu'on croit qu'il leur faudroit vn mets plus délicat.

R. Bonnart, rue S.ᵗ Iacques a l'Aigle avec priuillege du Roy.

R. B. del.

羅伯‧旁那（Robert Bonnart），《喝巧克力的騎士與貴婦》（*Un Cavalier et une dame buvant du chocolat*），版畫，十七世紀末，巴黎，法國國家圖書館。

萄酒工藝師、品酒師）則為陽性。至於「美食家」（gastronome），
皮耶爾・拉魯斯（1817－1875）的《通用大辭典》雖未明確指出該
名詞的性別，然而他援引的兩個例子都沒有帶到陰性：「巴黎第一
批美食家之一」這個句子裡的「一」是陽性的un，而「我們的子
弟們都是沒啥情趣的美食家，只會喝酒不會唱歌。」高級餐廳以模
仿宮廷禮儀自居，進一步成為女人被隔離在高級饌飲殿堂之外的幫
兇。國王生活起居由男性僕役官負責，因此高級餐廳的服務人員都
是男人的天下：領班（maître d'hôtel）、伺酒師（sommelier）、高
級服務員（chef de rang）、廚師長（maître-queux），在法文裡這些
職業名稱都只有陽性形式。當女人好不容易名列星級主廚圈子的一
員，她們常被稱為「阿媽」（廚娘），由此可見一斑。長久以來，
創造性的活動專屬於男性的世界，美饌的身價拜男人書寫的飲食論
述才得以抬高；直到一七九五年法國才首次出現女人撰寫的烹飪書
籍，而且內容還只是一些馬鈴薯食譜！相較之下，英國自十七世紀
起便有女人撰寫和出版的烹飪書籍，只不過在英國，烹飪從未成為
一種藝術。

喜愛巧克力，淫蕩女子與貪食的陰影

　　女性對美食的慾望被追逐美色的風流男子利用，誘惑的藝術
納入了食物的魅力，詩人則善於表達愛人「蜜糖般的親吻」這類
隱喻。「鼻頭轉到甜食上頭」這句話在十七世紀時意味喜歡小玩意
的女人；「俗話說『某個女人的鼻頭轉到甜食上頭』，意指她流露

出談戀愛的樣貌與神色」（弗荷帖，1690年）。更早以前，這句話即已出現在考特葛拉福（Cotgrave）的法英辭典（1611年）裡，而且專門用來形容女人。而龐塔（Jean Pontas）在《良心問題辭典》（*Dictionnaire des cas de conscience*，1715年）裡刻意描寫少女黛歐德琳德嗜吃果醬與水果，一方面大概是為了凸顯黛歐德琳德天性風流，喜好男女情事，因為糖跟淫慾素有淵源，另一方面則可能影射情人們常會送她一籃水果傳遞情意。十五、六歲的少女其實面臨貞操備受威脅的危險階段，黛歐德琳德不知節制地貪食果醬和水果，雖然稱不上罪孽深重，不過可能因此受到誘惑，犯下更嚴重的罪行，無可彌補地失去貞操。有「美食王子」之稱的居儂斯基（Curnonsky，1872－1956）在其《餐桌與愛情》（*La Table et l'amour*，1950年）中老調重彈：「我們所看到的戀愛中的女人通通都很貪饞，因此別跟不愛吃的美女獻殷勤，不然你等於是犯了心理上，甚至生理上的錯誤。」女人的貪饞似乎跟性愛隱約有一種不言而喻的關係，她們要不性喜男女情事，要不就是缺乏性生活轉而在飲食上獲取慰藉。

中世紀時期，貪得無厭的胃口受到質疑，這種懷疑心態依舊反映在人們對女性喜好美食的觀感上。此外，女人一旦懷孕，不就更難以控制對飲食的慾望？如果這個慾望沒有得到滿足，很可能會在嬰孩身上以胎記的方式留下痕跡，直到今天，先天性的皮膚異常問題「nævus」（胎痣）在俗語中常被稱為「envie」（慾望斑）或「酒斑」。著名的外科醫師巴雷（Ambroise Paré，約1509－1590）不就提到一些或像葡萄，或像櫻桃、甜瓜的胎記？民間還傳說嬰兒胎

痣的顏色可以顯示出母親的哪種欲求沒有得到滿足，除了葡萄酒之外，十八世紀時更多了咖啡和巧克力！儘管民間知識（起碼直到十九世紀）相信胎記是因為孕婦在懷孕期間慾望未獲得滿足，但醫護人員對此抱持懷疑態度。十七、十八世紀，醫師認為這種說法再次顯示出民眾的無知，而且其實是女人為了滿足口腹之欲並逃避譴責而找出的藉口。由此可見，女人貪饞仍被視為肉體的放縱，而胎記則被看成母親不知節制的衝動所留下的印記。

十七世紀上半葉，墨西哥恰帕斯州的克里奧爾上流社會婦女與主教發生衝突，因為後者以逐出教會做為要挾手段，禁止前者在彌撒時喝熱巧克力。這些婦女寧願不上教堂而改到一些教條比較寬鬆的禮拜場所聽日課，於是主教下令她們必須到他的教堂望彌撒，結果婦女們寧願待在家裡。不過不久後主教便撒手歸天，他是被有心人士毒死的嗎？托瑪・加日（Thomas Gage）在《西印度群島的新關係》中記載的故事非常引人遐思，並從他的觀點詮釋了關於女人與巧克力的勁爆故事。

很早以前西班牙的文獻便記載巧克力是一種含有催情效果的飲料。根據卡斯蒂略（Bernard Díaz del Castillo，1495－1538）所著的《征服新西班牙的真實歷史》（*Véritable histoire de la conquête de la Nouvelle Espagne*），阿茲特克蒙特祖馬國王在與妻妾圓房之前不就會先來一杯巧克力嗎？耶穌會教士阿科斯塔（Joseph de Acosta）也曾在《西印度群島的自然和道德歷史》（*Histoire naturelle et morale des Indes*，1950 年）中寫道：「黑巧克力讓那些入境隨俗的西班牙婦女癡狂。」

巧克力的香豔口碑很快便傳到大西洋彼岸，而且持久不墜，歐洲人的想像把巧克力和色情、無所事事牽扯在一起，而遊手好閒正是萬惡之母。而在英國，詩人衛茲沃思（James Wadsworth，1604－1656）寫了一首四行詩，描述巧克力讓老女人性慾高漲：

「老太婆一嚐了巧克力，

突然返老回春，生氣勃勃，

皮肉因為活力復甦而震顫，

肉體被你能想見的慾火吞噬。」

許多版畫也影射飲用巧克力與縱慾及情色的關聯。十七世紀末法國版畫家羅伯·旁那（Robert Bonnart）的作品《喝巧克力的騎士與貴婦》附帶了一首相當露骨的四行詩：「年輕的騎士和美麗的貴婦／一起品嚐巧克力／不過他們的眼睛發出閃亮的光芒／叫人以為他們需要一道更精緻的佳餚。」而一幅一七二五年的德國版畫標示著一行字：「巧克力，喝起來令人愉快，引發的效果立即又顯著。」這幅畫生動描繪一對戀人，其中的男人正準備喝下情婦送到他面前的可可。最後來到威尼斯，在劇作家卡羅·哥爾多尼（Carlo Goldoni）的《咖啡廳》（*La bottega del caffè*，1750年）裡，當厄嘉尼歐提議與美麗的莉莎烏拉（他把後者當成風塵女子）一起喝巧克力時，性暗示昭然若揭（第一幕第七景）：

厄嘉尼歐：您應該有美味的巧克力吧。

莉莎烏拉：的確，美味極了。

厄嘉尼歐：您知道怎麼準備？

莉莎烏拉：我的僕人會處理。

皮耶羅・隆吉（Pietro Longhi），《清晨的巧克力》（*Le Chocolat du matin*），約一七七〇年，威尼斯十八世紀博物館（Museo del Settecento Veneziano）。

厄嘉尼歐：您希望我阿親自出馬打出更多泡沫嗎？

莉莎烏拉：不用麻煩了。

厄嘉尼歐：如果您願意，我很樂意和您一起喝。

莉莎烏拉：先生，您會覺得這巧克力不夠好喝。

厄嘉尼歐：我不是挑剔的人，拜託開門，讓我們一起消磨個把鐘頭吧。

舊體制最後兩百年間，西方世界把巧克力和性事──亦即「貪食」與「色慾」──兜攏在一起。「像海番鴨一樣冷」，措辭委婉的路易十五如此形容龐巴度夫人，後者則試圖以猛喝巧克力治療冷感。至於熱衷巧克力的科厄特羅貢（Coetlogon）侯爵夫人，相傳她於一六七一年產下一名黑皮膚男嬰，根據歷史學家哈維奇（Nikita Harwich）的說法，當年每天早晨都有一名非洲僕役為她端上這種充滿異國風味的飲品！

口腹之樂，飲食男女

巧克力並非唯一一種被認為具有催情效果的食物，在西方文化裡令人聯想到男性器官的蘆筍與朝鮮薊，以及影射女性器官的牡蠣與無花果等都富有性意味，亞伯拉罕・博斯在一六三八年左右繪製的五大感官系列中以朝鮮薊與酒杯表現味覺感官，其中淫蕩的意味因為畫中男女眉來眼去、暗送秋波而越發強烈，而女性人物則微微伸出一隻手探向朝鮮薊花球。一如許多出現於十六、十七世紀，描繪五大感官的作品，口腹之樂與男女情事有密不可分的關係，口腹

之樂可以是性歡愉的隱喻或是男歡女愛的前奏。

　　無論就狹義或廣義而言，教養良好的少女不會吃蘆筍或朝鮮薊：

　　「哎呀！小羊仔（女生對丈夫的暱稱，男生則稱妻子為小羊妞），世風日下人心不古啊，我們還是少女身的時候，被教導要謹言慎行，再怎麼膽大包天的都不敢正眼瞧男生一眼……萬一吃了蘆筍或朝鮮薊，馬上就會被人指指點點；不過今天的女孩都很放肆下流，簡直跟宮廷裡的侍從沒什麼兩樣。」（弗荷帖，《布爾喬亞小說》，1666年）

　　不孕婦女被鼓勵多吃野薊。通行於十七世紀的用語如「去找野薊」、「拔除野薊」等意指進行性行為，在夏爾・蘇雷（Charles Sorel）《法蘭西翁的詼諧故事》（*Roman comique de Francion*）裡特別常看到這種用法；當時的藥劑師則會販賣醋泡朝鮮薊，以便「鬆開小肉片」。

　　靜物畫與風俗畫裡撬開的牡蠣也含有性暗示，因為一般咸認牡蠣有催情作用。楊・史汀（Jean Steen）畫筆下《吃牡蠣的女孩》（1658－1660）肆無忌憚地定睛注視觀眾，而她臉上貪饞的微笑和手上已經打開、即將被吃的牡蠣毫不拐彎抹角地影射其他樂趣。在歐洲繪畫裡，食物和性的類比屢見不鮮，波倫亞畫家巴多羅密歐・帕斯羅提（Bartolomeo Passerotti）的《家禽女販》（*Les Volaillères*，約1580年）則提供另一個佳例。一位年老的家禽女販抓著一隻公雞，而公雞一向被視為性慾旺盛的動物，一位年輕女則抱著一隻去了毛、準備下廚的火雞，而火雞以肉質細緻著稱。不僅

生蠔與白酒，撩起其他感官歡愉？畫家不詳（荷蘭畫派），《生蠔與酒杯靜物畫》（*Nature morte avec huître et verre de vin*），一六六〇年，德國史威林（Schwerin）國家博物館。

火雞的皮肉非常類似年輕女人的肌膚，年輕女人坐在前景，露出豐腴的酥胸，下半部右腿也隱約可見，在在挑動著上門的顧客，而老女人則因此形同鴇母，於是這幅畫彷彿在引誘人「品嚐」火雞與這名年輕女人。至於經常出現在十七、十八世紀愛情畫裡的杯子與瓶子，有時刻意畫得東倒西歪，則彷彿在向好色之徒暗示葡萄酒能解放女人的矜持。

　　流行於中世紀的故事詩也善於描寫這類主題，譬如科隆某三位修女在澡堂一邊吃喝，一邊聆聽吟遊詩人唱猥褻的歌曲。在中世紀末的道德家與傳教士心目中，有個無恥之地將色慾、美食情趣、墮落冶於一爐：蒸氣浴室。一些袖珍畫毫不忌諱地呈現赤身裸體的男女一起泡在浴池裡，浴槽上方架著餐桌，不遠處則擺了幾張舒適的床鋪。確實，當時有些澡堂是男女混用，有些是官方核准的賣淫場所，而且備有酒菜，讓人在泡澡時或在浴池外享用，現場也就近提供休憩用的床鋪。由於道德家嚴聲譴責這類澡堂，加上一般人深怕澡堂會助長流行病，這種公共澡堂在十五、十六世紀時紛紛關門大吉，不過它們依然持續激發情色想像。

秀色可餐的女人

　　食物在豔情寓言故事與風流小說裡之所以扮演吃重的角色，是出於性誘惑與飲食情趣之間的一種幾乎可說是根深蒂固的關係。晚餐、點心、甜食被用來當成開啟其他感官樂趣的前奏，人有聲望、其言自重的著名義大利花花公子卡薩諾瓦（Casanova，1725－

1798）在他的《回憶錄》（*Mémoires*）中開門見山便直指飲食享樂與愛情享樂有著密不可分的關係：

「陶養感官歡愉一直是我最主要的活動，而我也從未有過更重要的事好做，我覺得自己為了女人而生，我也一直深愛她們，而且只要可能，我便讓自己被愛……我也如醉如痴地喜愛美食……我熱愛風味最濃郁的美饌，像是那不勒斯大廚烹調的通心麵餡餅、西班牙什錦燉菜、黏稠的紐芬蘭島鱈魚、騷味濃烈的野味，而當乳酪裡的小生物變得肉眼可見，味道便登峰造極，我也吃得不亦樂乎。至於女人，每個我鍾愛過的女人都發出甜美迷人的味道。」

薩德侯爵（marquis de Sade，1740－1814）在《新瑞斯汀娜》（*La Nouvelle Justine*，1799年）中的描寫也難分軒輊：「雲雨過後……沒有比享受饌飲樂趣更令人銷魂的了……因為感官享樂已經燒得正旺，刺激貪饞快感！哦！我承認……縱慾是我膜拜的神祇，我把它高高供奉在神殿裡，就擺在維納斯旁邊，而只有在這兩尊偶像腳底下我才找得到幸福。」《新瑞斯汀娜》裡克萊薇爾女士甚至把情人們一個個吃掉，大肆享受性愛與美食這兩種愉悅結合以後所帶來的快感，達到登峰造極的境界！

描繪賣吃行業的版畫附帶的四行詩大肆玩弄食物與性的曖昧關係，看似純真無邪的圖像因此散發情色意味。十七世紀法國版畫家旁那的作品《糕餅師》就搭配了這樣的詩文：「我是貴婦們的糕餅師，／為她們製做百種美味點心，／我蕩漾在她們心魂，／她們為我取了綽號叫「入味哥」；《乳酪小販》（*La Crieuse de petit fromage*）也寫著：「我賣給全巴黎的美女，／牛奶、乳酪、鮮奶

油，／讓她們討愛人歡心，／愛人也會善加回報」。

　　人類學家李維史陀指出：「世界各地的人文思想似乎都認為交媾行為和飲食行為之間有著非常深刻的關聯，以致於許多語言以同一個字稱呼這兩種行為。」（《野性的思維》〔*La Pensée sauvage*〕，1962 年）歐洲語言也不脫藉食物隱喻性慾，雖然 friand 原本是用來形容菜餚美味可口，譬如 friand 的菜、friand 的肉糜，但它也能形容漂亮女子：「這個女人非常美麗，秀色可餐（按：原文為「是一道 friand 的佳餚」）」——弗荷帖的《詞典》毫無忌諱地大方確認這種用法。我們在此看到的是歐洲文學上名符其實的刻板意象。讓我們閱讀一段義大利短篇故事作家東尼（Anton Francesco Doni）文集《大理石》（*I Marmi*）中的文章〈淑女的故事〉（*la Novella della gentildonna*）：

　　「從鎮上來了一位清新可愛的小女人，才新婚數月，像一小塊香嫩的醃豬肉，我保證它入口即化，這個情況跟『咬不動的肉讓男人更爽』完全不同，因為那皮肉熟得剛剛好，令人大飽口福。這個女人讓我胃口大開，即使沒有佐料，沒有聖貝納醬汁，我還是能大快朵頤。」

　　至於巴爾札克筆下的科蒙小姐，她是一隻「圓滾滾的山鶉，令美食家操著餐刀蠢蠢欲動」（《老姑娘》〔*La Vieille Fille*〕，1837 年），而左拉的《娜娜》（*Nana*，1880 年）則有如「每一面都煎過、熱騰騰的鵪鶉」。女人化身為菜餚，巴爾札克甚至毫不遲疑賦予各種隱喻，讓好色之徒的心變成餐廳菜單，而講究美食的多登－布仿則在餐室牆垣上掛著導師格里蒙·德·拉雷涅的畫像以及豔色

版畫。在義大利導演馬可・費雷里的鏡頭下，體態渾圓又春光蕩漾的小學老師安德麗亞化身為飲食享樂的性愛暗喻，並在一九七三年的坎城影展上引起軒然大波。即使今天，女人依然可以被形容為「垂涎欲滴」、「美得讓人想咬一口」，洞房花燭夜則得以讓新娘新郎「享用」婚事[6]。

正派女人懂得矜持自制

飲食行為被情色化的現象必然會引導「正派」女人在飲食享樂時自我約束，至少是在公共場合，而這種情況在十九世紀的布爾喬亞社會尤其常見。不喝酒是女人貞操的警衛，因此女人不會喝酒（或不會大量喝酒），特別是在公眾場合。德琵贊（Christine de Pizan）特別為女人所寫的教育手冊《三美德書》（*Livre des Trois Vertus*，1405 年）建議宮中的皇后與貴婦飲酒要適可而止，而十五世紀義大利繪畫重新詮釋這個主題，以一個將水倒進酒裡的女人來表現節慾的美德。

巴貝里諾（Francesco da Barberino）在《良家婦女的操守與德行》（*Reggimento e costumi di donna*，1309－1320）中給予佛羅倫斯仕女最重要的忠告即是克制食慾並吃得適當。從孩提時代至到晚年，女人的德行能透過她的餐飲行為讓人略知一二，因此她必須嚴加留意舉止是否得宜、食物的性質與分量（巴貝里諾還叮嚀少女避

> 從孩提時代至到晚年，女人的德行能透過她的餐飲行為讓人略知一二。

---

[6] 此處的「享用」在法文中使用的動詞為 consommer，有「食用」、「消耗」、「完成」之意，意同中文的「圓房」。

免吃令人興奮的菜餚和酒）以及一起用餐的夥伴。

這些出現於中世紀末的行為準則多半出自男人的手筆，奉勸女人別吃太多、別喝太凶、別太聒噪。「姑娘啊，赴宴時／用餐儀態要高尚優雅／跟人說話時要嬌滴滴／切忌三姑六婆」（《年輕仕女的結婚守則》〔Doctinal des filles à marier〕，十五世紀）。而在結婚喜宴上，新婚妻子應該表現出中規中矩的樣子，藉此當眾顯示自己會成為一位賢妻，集謙卑、謹慎於一身，不會好逸惡勞、縱情享受食物與性事。新婚妻子雖然面對山珍海味卻刻意節食，雙目低垂，兩手合攏，與其他飲酒作樂的男性賓客大相逕庭，這種場面經常出現在十四、十五世紀的袖珍畫與十六世紀法蘭德斯的繪畫裡，甚至變成滑稽模仿的體裁，特別是在法蘭德斯地區，一些畫作描繪不知廉恥的新娘子敞開雙手左右開弓，貪婪地抓取食物。

《啊！小白酒》，市井小民的低俗貪饞文化

這是賓客喜愛合唱的出名段落，歌詞提及諾讓（Nogent）一帶的小白酒和年輕女孩，而女孩們在棚架的陰影下越發嬌豔欲滴，而這個景象恰恰顯示出在正襟危坐的盛宴場合以外，市井小民的宴樂場合必須有美女在座才有樂趣可言（《啊！小白酒》〔Ah! le petit vin blanc〕），讓‧德勒札克（Jean Drejac）和夏勒‧波赫－克雷（Charles Borel-Clerc，1943 年）。由於兒童標準行為準則裡嚴禁在餐桌上唱歌，因此進餐時唱歌可說是大人的一種低級娛樂，尤有甚者，他們最常唱的是飲酒歌，一而再地重複多少帶有淫蕩色彩的歌

為了要達到低俗的「境界」，飲食行為必須跟上流菁英的高雅舉止保持一段距離。

詞。為了要達到低俗的「境界」，飲食行為必須跟上流菁英的高雅舉止保持一段距離，刻意忤逆高尚社會對女性在男性面前的用餐禮儀要求。這種低俗貪饞文化崇尚的是逾軌的樂趣，越是禁忌越是要做，譬如直接以麵包沾醬、用手拿取食物吃起來、吸吮手指、用舌頭舔嘴巴、用牙齒啃咬骨頭、放聲大笑、放聲喧嘩，甚至開黃腔等等。

　　近代的上流社會男人開始喜歡到市郊的露天歌舞咖啡館或上夜總會「墮落」去，顯示某種以低俗為樂的貪饞文化已經開始大行其道。十九世紀許多法國小說描寫的鄉間郊遊呈現短暫的歡樂時刻，人們在水邊度過悠閒的時光，享受簡單的食物、暢飲清爽的葡萄酒，然後來一段露水姻緣。「我很喜歡巴黎近郊，我記得那裡的炸魚是我這輩子吃過最美味的。」莫泊桑在《美男子》（*Bel-Ami*，1885年）裡如此寫道。市井小民的貪饞文化透過一些國民菜發揚光大，而這些菜色與高級料理大相逕庭，有蔬菜炖牛肉、酒燴兔肉鍋、以白酒和洋蔥烹調的「水手鰻魚」、奶油燴雞、油炸塞納河或馬恩河鉤魚等。「以前洋蔥牛肉、豬腸捲、水手魚這類美味佳餚都算是低級菜。」以拉雷涅為筆名的《世界報》美食評論家庫汀（de Courtine）於一九八八年如此寫道。十九世紀初，格里蒙・德・拉雷涅就已經力薦讀者上大眾化的餐館就地品嚐道地的奶油燴雞和水手魚，這樣才能真正一飽口福。

　　從法國北部經過比利時直到荷蘭，油漬漬的炸薯條自十九世紀末以來一直堪稱低級小菜的代表，毋需遵從布爾喬亞文雅的規矩，用圓錐狀紙袋裝好的薯條能邊走邊用手抓著吃，不必刀叉碗

油漬漬的炸薯條自十九世紀末以來一直堪稱低級小菜的代表。

盤也不怕弄髒手。情侶旁若無人地一起吃薯條，一如安托斯（L. Anthos）與潘斯（W.-J. Paans）發表於一九〇六年的歌曲《炸薯條》（*Pommes frites*）所描繪的情景：

「總之一紙袋薯條／小男人的好禮物／又好吃又有效果／我們在自助餐檯前起舞……／來吧蘇蓉快下來／你可聽見炸薯條的聲音／沒有骨頭沒有果核／就像一個吻要趁熱享受。」

副歌是：

「這袋可愛薯條是我們的／我們的手輪流伸進去／歡樂和薯條萬歲／生命和你的愛萬歲。」

一九五〇年，法蘭西斯・勒馬克（Francis Lemarque）與鮑勃・亞斯托（Bob Astor）合寫一曲《一袋炸薯條》（*Cornet de frites*），由香頌歌王尤蒙頓（Yves Montand）演唱，重新詮釋市井小民男歡女愛的誘惑主題：

「這些戀人是如何／用一點什麼製造幸福／一點陽光以及／一袋炸薯條／當春意又盎然／手勾著手散步／沿著塞納河吃／一袋炸薯條／吃光光以後／再去買一袋／然後快步回家相愛。」

在市集、遊樂場、主保聖人節、園遊會、海濱林蔭道上或在足球場邊的薯條攤販隸屬於大眾化的娛樂世界，輕鬆時光與戀愛的心情乘著舞會喧鬧聲，無不襯托炸薯條庸俗但歡樂的意象：「炸薯條的好氣味／使嬌弱的人也飄飄然／手風琴拉出爪哇舞曲／刺激感官慾望。」（《露天咖啡館》〔*C'est la guinguette*〕，卡米耶・法蘭索瓦〔Camille François〕與加斯東・克拉雷〔Gaston Claret〕合寫，1935年。）我們也能在二十世紀上半葉的巴黎郊區露天咖啡館發現「小

雷奧內托・加皮耶羅（Leonetto Capiello），《極致生蠔》（*Huîtres exquises*），彩色廣告海報，一九〇一年。

白酒」的足跡；如同馬恩河畔諾讓的河畔宴樂情景，一九五二年的《橋邊喬安維爾》（*Joinville-le-Pont*）也描述這個郊區小鎮的庶民之樂：「清涼的露天咖啡館／凹凸有致的少女／薯條已經炸好／白酒也已備妥。」多梅爾（L. Dommel）與丹尼德夫（L. Daniderff）一九三五年的歌曲《有薯條的地方》（*Là où il y a des frites*）不遑多讓：在「聖克盧附近一角」，「有薯條的地方，跟著樂團碰！碰！的節奏……」

除了上述關於薯條的輕佻意象外，二十世紀下半葉更出現一種以打破健康飲食禁忌為樂的現象，例如故意吃被醫學界嚴厲抨擊的食物：「打倒四季豆／酸菜扣肉萬歲／一大塊肉和油膩的炸馬鈴薯……誰管你 X 的健康飲食法！」（托瑪·杜桐〔Thomas Dutronc〕，《薯條窰子》〔*Les Frites bordel*〕，2007 年）。清楚知道某種食物因為太甜、太油、太多奶油、太多卡路里、太落伍……等等，因而被公認為對健康有害，但卻毫無罪惡感地大肆享用，這種行為以新的方式持續演繹市井小民的低俗貪饞文化。

傑弗萊（Henri Jules Geoffroy），《帶著一袋糖果的孩童》（*Enfants avec un sac de friandises*），十九世紀，倫敦蘇富比拍賣行。

Chapter 7

童年的味道
被幼稚化的貪饞

輕輕對妳說／我做囝仔那時候／到柑仔店扒走／
好吃得不得了的糖果／有薄荷糖和牛奶糖／一塊錢的
五色糖／還有蜜斯特拉跳跳糖……

更想對妳說／古早的卡龍棒／可可波愛甘草糖／和把
我們的嘴脣割破／把牙齒蛀光／正港的胡嘟嘟糖／還
有蜜斯特拉跳跳糖

法國歌手荷諾（Renaud），《蜜斯特拉跳跳糖》，一九
八五年[1]。

---

[1] 荷諾於 一九八五年發表《蜜斯特拉跳跳糖》，他以父親的口吻
對著小女兒吟唱孩提時代吃過的糖果，有些已經不再生產，譬如
蜜斯特拉跳跳糖（mistral gagnant），有點類似台灣的蘇打汽水糖
粉，而法文的「gagnant」為「中獎」之意，部分商品中內含「中
獎」紙條，消費者可憑券免費再領一包。「卡龍棒」（carambar）
是一種長條狀的焦糖巧克力糖，「可可波愛」（coco-boërs）是一
種裝在金屬盒子的甘草粉做成的糖果，亦可泡來當成飲品。「胡
嘟嘟糖」（roudoudou）是一種填裝在小扇貝裡的軟糖。

小蘇菲為了嘴饞必須付出代價,而且刻不容緩,她被人斥責、懲罰、鞭打,也經常當眾受辱,更不幸的是,這位年紀很小的女主角甭想虔誠而嚴厲的賽居爾伯爵夫人(1799－1874)會寬恕她,因為孩童的貪饞被視為可恥的罪過。小蘇菲將僕人好意端來的熱麵包和令人垂涎的香濃鮮奶油塞爆肚皮才作罷,後來又因為消化不良而病懨懨地躺在床上。她想吃黑麵包想得要命,千方百計想偷走原本要餵小馬的乾硬黑麵包,結果被馬兒咬到流血。她為了採新鮮的野莓吃而逗留在樹林裡,險些變成野狼的大餐……然而母親不早就警告過她:正餐之間不該進食,不該在樹林裡流連忘返!只不過,蘇菲貪嘴又不知節制,把母親的話當耳邊風。就在她經歷大半悲慘遭遇後,一個來自巴黎的包裹送到她居住的城堡裡,裡面是一盒糖果。小女孩雖然垂涎三尺,不過必須耐住性子等待。晚餐結束時,她的母親雷安夫人終於決定打開包裹,這個小女孩期待已久的糖果盒裡裝了做成各種蜜餞的西洋梨、李子、杏桃、香水檸檬、當歸以及核桃等,但這個時候蘇菲又得耐住性子只能品嚐兩個甜點,她挑了西洋梨和杏桃這兩個最大的蜜餞,而懂事的保羅就挑了一個李子蜜餞和一塊當歸蜜餞。後來糖盒子又被封起來,放在雷安夫人的臥房裡,小女孩則懊惱著沒嚐到其他蜜餞,特別是她表哥選中的那兩個。她趁母親不在家時偷偷跑進房間,爬到一張椅子

上，抓起糖盒子，滿心愉悅地注視著美味可口的糖果一會兒，然後東咬一口，西吃一下，後來幾乎統統吃進肚子裡，才把盒子放回原位。結果，她整夜都被一種奇怪的夢擾得輾轉難眠。「蘇菲，妳知道那代表了什麼嗎？」翌日早晨她母親問她。「這就表示知道妳不乖的神託夢告訴妳，如果妳繼續為所欲為做壞事，雖然妳以為這會帶給妳快樂，但妳不只快樂不起來，反而會很痛苦。」

隸屬於天主教感化文學的這本《蘇菲的不幸》（1864 年）用意在於揭發貪饞的害處。蘇菲為了滿足貪吃的慾望，不是就犯下違抗長輩、撒謊、偷竊等惡行嗎？此外，小蘇非還非常善嫉、任性又易怒。貪饞也和獸性有一定的淵源，譬如有一段描寫一隻小松鼠被吸引到裝著杏仁和核桃的籠子裡，「我的朋友，貪吃啊，再貪吃啊，你就知道會有什麼下場了。」蘇菲那位足以當模範兒童的小天使表哥做此警告。除了道德訓斥外，賽居爾伯爵夫人將貪饞視為孩童的特質，並將對甜食的渴望與親情的缺乏做了連結；蘇菲只有四歲，年紀還小亟需關愛。她其實是極具賽居爾伯爵夫人自傳色彩的人物，賽居爾伯爵夫人本名就叫蘇菲·羅絲朵申（Sophie Rostopchine），她把自己幼年時沒能盡情吃糖的經驗投射在她筆下的女主角身上。雖說貪饞是幼童與生俱有的缺點，而成人莫不試圖控制，它卻也構成這些成人的童年回憶。

賽居爾（Ségur）伯爵夫人，《蘇菲的不幸》（*Les Malheurs de Sophie*），阿施特（Hachette）出版社，一九三〇年版，由佩古（A. Pécoud）作插畫。

貪饞，幼童與生俱有的缺點

坐在地上，對大人的喜宴不聞不問，一名小男孩舔著剛剛擦過盤子的手指；在《農夫的婚禮》（*Repas de noces*，約1568年）這幅作品中，佛蘭德斯畫家布魯格（Pieter Bruegel）藉由一個側身輪廓便生動勾勒出孩童的貪饞，以及手指即將探進果醬罐的動作。自中世紀至今，貪饞一直被視為幼童與生俱來的缺點。儘管教會把孩童看成脆弱的人，卻未必把他們與純真無邪劃上等號。在聖奧古斯丁（354－430）的《懺悔錄》中，幼童的缺點琳瑯滿目，其中對食物的貪得無厭是非常重要的一項。在古希臘羅馬時代思想與教會神父的影響下，宗教與西醫的論述咸認幼童是不完善、不完整的人，因此他們很接近動物，從而可以解釋他們天生胃口的原始性。童年、獸性、貪饞之間的關聯在威廉‧霍加斯（William Hogarth）繪於一七四二年的作品《葛蘭家的小孩》（*The Graham Children*）中，透過葛蘭家四個小孩的畫像表達得淋漓盡致。左下方年紀最小的小孩露出貪饞的模樣，亟欲抓住她大姊拎在手裡的櫻桃。在這股貪食衝動中，他的姿勢拉出一條對角線，連接到畫面右上方的一個籠子，旁邊有一隻貓正直舔嘴巴盯著

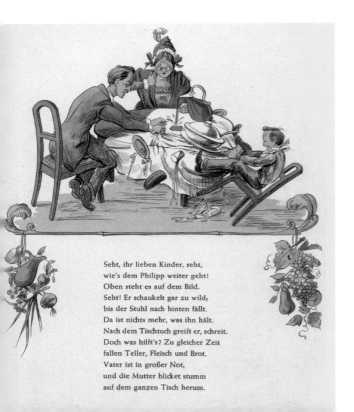

Seht, ihr lieben Kinder, seht,
wie's dem Philipp weiter geht!
Oben steht es auf dem Bild.
Seht! Er schaukelt gar zu wild,
bis der Stuhl nach hinten fällt.
Da ist nichts mehr, was ihn hält.
Nach dem Tischtuch greift er, schreit.
Doch was hilft's? Zu gleicher Zeit
fallen Teller, Fleisch und Brot.
Vater ist in großer Not,
und die Mutter blicket stumm
auf dem ganzen Tisch herum.

海因里希‧霍夫曼（Heinrich Hoffman），《披頭散髮的彼得》（*Der Struwwelpeter*，1847年）插畫。「看啊，他搖得太劇烈，椅子都往後倒了。」

籠子裡的鳥。「我小時候有兒童常見的缺點，」盧梭（1712－1778）在其《懺悔錄》中坦誠道。「我曾經很聒噪、貪饞，不時也會撒謊。」

　　教會嚴厲譴責幼童的貪饞。十五世紀一位英國傳教士甚至視之為一種生理與社會的疾病，和懶惰極有關係：

　　「肥胖症會引起身體不適，使人容易昏昏欲睡……這也是為什麼好父母不准孩子無所事事，而要後者參加活動或做些吃力的工作，不讓他們有怠惰的機會，他們也會控制孩子的食物和飲料，避免後者貪食過度。不過真正的問題是，幼童貪吃懶惰經常是因為他們的父母也如此。」

　　師承中世紀神學和道德的文獻著述，十六世紀的西班牙道德家也有類似的說法，大量的食物只會讓幼童變得軟弱無力，並導致他們長大後容易淫蕩好色，因此許多人極力囑咐不能讓小女孩吃得太飽。

大量的食物只會讓幼童變得軟弱無力，並導致他們長大後容易淫蕩好色。

　　十八世紀下半葉與十九世紀之間西方出現一種特別針對兒童而撰寫的文學，是一些道德訓誡的小故事，故事中的主角年紀和讀者或聽眾相仿。劇情通常有一定的敘事走向，儘管家長苦口婆心地規勸不該貪食，愛吃的幼童還是不聽話、偷竊並撒謊。他們的過錯很快就被發現並遭受懲罰，譬如因為消化不良而難受，有時還會被沒收玩具、關禁閉、不准和朋友玩，甚至被送去紀律森嚴的寄宿學校。這種文學故意製造罪惡感以達到教化的目的，慚愧的孩童明白自己犯了錯，開始贖罪。《安納多爾或喻貪食》（*Anatole ou la gourmandise*，法國里摩日，1866 年）描寫一位小朋友在生理上與

精神上都被過度縱容，大吃餅乾、果醬和糖果而不知節制：

「我親愛的安納多爾，他的母親說，如果不是因為你非要吃那些會危害你健康的東西，你現在就不必待在床上喝青草茶療養，而可以到花園裡跟別的小孩玩耍，而且你也不會需要在神面前責怪自己犯下汙辱基督孩童的罪過。」

「貪食的習慣導致說謊的習慣」，雷內‧迪絲勒（René d'Isle）向《小貪吃鬼變成小偷》（*Petits Gourmands devenus voleurs*，里摩日，1854年）的小讀者們指出。《貪饞》（*La Gourmandise*，法國盧昂，1854年）這本書則告誡幼齡讀者貪饞是「萬惡之母」。的確，這個故事講述六歲的儒爾與七歲的亨莉葉特居然在受洗彌撒時偷了一罐原本要送給神父的彩糖！撒謊、不聽話甚至偷竊，貪吃的小孩不也自私自利？在《亨利與夏洛特或貪食的悲慘效果》（*Henri et Charlotte ou les funestes effets de la gourmandise*，盧昂，1854年）中，亨利一有錢便跑到糕餅店或糖果店購買零嘴滿足口腹之欲，而她的姊姊夏洛特卻把錢存下來捐給本堂教會。德國兒童文學也出現許多不聽話甚至殘忍的孩童，同時譴責他們的卑劣行為，譬如海因里希‧霍夫曼的《披頭散髮的彼得》（德國法蘭克福，1845年）中主角彼得的故事。這本書在德國風靡一時，譯成歐洲其他語言出版，一八六〇年出現法文版（*Pierre l'ébouriffé*）。安納多爾、亨利、亨莉葉特、儒爾、彼得等角色，無不令人想起賽居爾夫人筆下的小蘇菲‧得‧雷安。

LA GOURMANDISE.

《貪饞》（*La Gourmandise*），十九世紀，巴黎裝飾藝術圖書館。

對胖小孩的膜拜心態

　　雖然道德家對此並不樂見，但一般人認為孩童貪饞不但很正常，甚至是令人安心的行為。圓滾滾胖嘟嘟的小孩更是母親和奶媽的驕傲，文藝復興時期以來，他們以裸體愛神丘比特的形貌大量出現在西方繪畫裡，象徵富饒、肥沃以及繁盛，而豐滿紅潤、金色捲髮的嬰孩所構成的健康寶寶典型，直到二次世界大戰後的廣告仍能見其蹤影。適當地暴露肥胖的胴體，才能顯示嬰孩來自一個「優質家庭」，許多二十世紀的經典攝影作品讓嬰孩光溜溜地躺在床鋪上即有做出這種宣示的目的。由於嬰幼兒死亡率直到十九世紀仍居高不下，饑饉的陰影依舊盤旋不去，在那樣的社會氛圍中，確實有需要建立一種生氣蓬勃、叫人放心的意象。體態豐滿被視為健康、活力的徵兆，是小孩不虞匱乏的明證，可以神氣活現地擺在大家眼前。

　　自中世紀至近代歐洲，新生兒想吃就吃，哺乳時間不定，而且嬰孩經常要求吃奶被視為好現象。到了十八世紀末，醫學界也公開鼓勵父母應嬰兒要求而餵食，認為嬰兒感到饑餓就表示前一次哺乳已經消化完畢，不過卻嚴厲譴責農人過度餵食的惡習。

　　「我不知道基於何種邪惡荒誕的柔情美意，有人竟相信幼兒最大的幸福就是多吃，以為幼兒吃越多會越強壯，但這個偏見對小孩造成莫大的殺傷力。多吃的食物他們消化不了，反而損害胃臟，造成梗塞，使身體虛弱，並會引發慢性發燒，最終導致死亡。」

　　瑞士醫師堤梭（Samuel Auguste Tissot，1728－1797）在其知名

著作《給民眾關於身體健康的忠告》(*Avis au peuple sur sa santé*，瑞士洛桑，1761 年)中做出以上看法。這本書是歐洲啟蒙時期的暢銷書，當時被譯成七種語言。

但對母親和奶媽來說，相反地，飽嗝和嘔吐都是令人安心的徵兆，表示幼兒吃得好，因為有吃飽才會吐出食物。法國十八世紀有句俗諺「會吐的孩子長得好」，指出設法讓嬰孩飽足的重要。幼兒在成長初期除了接受哺乳外，也被餵食菜泥，有時候甚至出生幾週後便開始這麼做，務求讓嬰兒確實吃飽。長期處在饑餓環境下的平民階層懷有匱乏恐懼感，因此亟欲追求有分量、能撐住身子的食物。有一句法國俗諺指出：「男人的麵包與女人的乳奶使孩子茁壯」。此外，餵小孩吃扎實有分量的食物還有一個目的：鍛鍊他的胃。

這種飲食行為一直風行於在下層社會而且歷時不墜。而無論是二十世紀或二十一世紀初年所做的社會調查研究都指出，在飽受經濟壓力的社會團體中，當好父母的條件就是能讓孩子在吃的方面不受到剝奪，亦即他們不會限制食物分量，也不會禁止孩子吃喜愛的食物（薯條、甜和鹹的零嘴、汽水、糖果糕點）。「我的小孩不曾缺少什麼東西」，諸如此類為人父母的自我辯解，從孩子的飲食習慣與肥胖的身體獲得具體印證。二〇〇八年法國在爭論如何解決青少年體重過重和吃垃圾食物（巧克力棒、零食、洋芋片）的問題時，最後否決對這類食物強制徵稅，除了考量到過多賦稅反而會扼殺稅收這個典型理由外，也是因為被徵收的對象將以經濟最弱勢家庭為主。

歌德，《羅馬嘉年華》（*Das römische Karneval*），十八世紀末。

大人給糖吃

　　十七世紀的詞彙學家利希雷（Richelet）或弗荷帖（Furetière）都認為零食是童年世界的一部分，更精確地說，零食構成成人與小孩之間的一種制式化關係：成人會給小孩糖吃。利希雷在一六八〇年的詞典中為 friandise（零嘴、糖果）一字提供的例句是：「送些 friandises 給小孩吃。」這種美食禮物是為了慶祝宗教節日和作為年終犒賞而賜與，陪伴孩子們迎接新的一年。自中世紀末起出現許多基督教節日，為孩童提供機會挨家挨戶去要糖、麵包、水果、蛋糕，或討幾個銅板買些食物和飲料。孩童跟著大人一起大吃甜點慶祝重要節日，譬如主顯節的國王餅或狂歡節的甜甜圈。一六三七年左右，亞伯拉罕·博斯（Abraham Bosse）完成一套四季循環的版畫，在冬季的版畫裡，他讓一群青少年和幼童在舒適的室內快樂地準備狂歡節應景食物——甜甜圈：

　　「趕快來啊／狂歡節的孩子／親手捏麵糰／使盡力氣揉／出於習俗或好玩／他們喜歡下廚／甜甜圈讓他們笑呵呵／他們圍坐爐火邊。」

　　有些宗教節慶是專門為小朋友而設，譬如德國萊茵河沿岸地區到荷蘭一帶的聖尼古拉節（十二月六日）。小朋友如果乖巧聽話就會受到聖尼古拉獎勵，被贈與糖果，但不聽話的小朋友就倒霉了，黑彼得先生只會給他們一根樺木樹枝。荷蘭畫家楊·史汀（Jean Steen，約 1626－約 1679）有一幅風俗畫描繪一個布爾喬亞家庭慶祝該節日（《聖尼古拉節》，阿姆斯特丹國家博物館），一名開心的

孩童跟著大人一起大吃甜點慶祝重要節日，譬如主顯節的國王餅或狂歡節的甜甜圈。

女童珍惜地抱著大人贈送的禮物，一名少年抱著一個抓著薑餅蛋糕的幼童，但他們的哥哥卻因為只拿到樺木樹枝而鬧脾氣。特別值得一提的是，畫家在前景，亦即在受寵的女童腳邊畫了一個柳條簍，裡面裝滿了聖尼古拉節的各式應景點心，譬如薑餅蛋糕、鬆餅、甜甜圈、餅乾、一顆蘋果和一些核桃。

復活節也是送糖給小朋友吃的宗教節日。雖然自中世紀末開始，部分地區就有送彩蛋的習俗，特別是在阿爾薩斯，但要等到十九世紀才開始普遍出現送小朋友用巧克力或糖製成的果子的習慣。在信奉天主教的歐洲地區，大人說這些糖果是由從羅馬回來的大鐘放在花園裡，而在瑞士、阿爾薩斯、英語地區等，糖果則是由可愛的復活兔帶到花園。至於一年的其他時候，成人也能隨時利用糖果零食吸引孩童，現代社會中的民眾甚至會害怕小孩被給糖吃的陌生人抓走。affriander這個動詞意指「用某種可口的東西誘引」，弗荷帖在一六九〇年的詞典中舉出以下例句說明它的涵義：「給孩童果醬以affriander（誘引、拐）他們」。一六九四年的法蘭西學院詞典中也有這麼一句：「我的小寶貝，別哭，乖一點，你就會有糖吃」，足見該詞典也認為糖果可以用來哄小孩。糖果是一種獎賞或激勵的工具，伊拉斯謨大力推薦這個教育方法（《兒童禮儀》），不過同時也提醒父母避免迎合孩子的貪饞行為。

對於使用糖果獎勵孩童的方法，近代歐洲的教育家意見分歧，但這種討論也間接顯示這個方法在上層社會被使用的事實。瓦黑（Alexandre-Louis Varet）的《兒童的基督教育》（*De l'éducation chrétienne des enfants*，1666年）建議給孩子「果醬或玩偶」，佛勒

西（Claude Fleury）在一六八七年的《論學習內容的選擇與學習方法》（*Traité du choix et de la méthode des études*）中則反對用「糖果、圖畫、零錢或美麗的衣裳」鼓勵小孩聽話，因為「這樣對他們造成的傷害經常大於對他們的幫助」。費內隆（Fénelon）在1696年的《女孩的教育》（*De l'éducation des filles*）中奉勸成人「千萬不能用調整規則或給糖果點心等方式獎賞孩子」，才不會「導致她們欣賞原本應該輕視的東西」。一個世紀後，法國哲學家愛爾維修（Claude Adrien Helvetius，1715－1771）認為，唯有對糖果、玩具的期盼以及對遭懲的恐懼能夠驅使小孩（《論人》，1772年）。在實施新教育法令的法蘭西第三共和國時期[2]，布伊塞（Firmin Bouisset）在一幅一八九三年的廣告海報中畫了一個穿著罩衫、辮子綁得整整齊齊的小女童像寫黑板似地正在玻璃上寫出大大的「美涅巧克力」字樣，此處的巧克力不正是給兒童的犒賞，獎勵小女孩認真學習，雖然也調皮，但能寫出端正工整的字？爭論不斷蔓延，持續至今，對於應該贈送糖果點心以資獎勵亦或是禁止他們吃這些美點作為處罰，老師和家長們仍然不能達成共識。

對於應該贈送糖果點心以資獎勵亦或是禁止他們吃這些美點作為處罰，老師和家長們仍然不能達成共識。

糖果大行其道

在西方兒童享有的美食中，糕點與糖果佔有最重要的地位。從一六九五年佩侯（Perrault）的《睡美人》（*La Belle au*

---

[2] 法蘭西第三共和國教育部長朱爾・費里（Jules Ferry）任內實施新教育法令，確立免費義務教育以及世俗化教育等原則。

穆里略（Esteban Murillo），《吃糕餅的小孩》（*Niños comiendo pastel*），十七世紀末，慕尼黑舊美術館。

bois dormant）小奧羅拉要糖吃，到《哈利波特：神祕的魔法石》
（*Harry Potter and the Philosopher's Stone*，1997年）[3]中的柏蒂製
做全口味豆豆糖，以及格林童話《漢賽爾與格蕾特》（*Hänsel une*
Gretel，1812年）裡巫婆用糖做成房子的窗戶[4]，長久以來，兒童
文學世界裡糖果一直扮演要角，尤其能表現一種奇幻美妙的層面。
愛麗絲掉入一口深井裡，井壁上不也嵌著果醬櫃嗎？特別值得一提
的是，有個寫著「喝我」的小瓶子，愛麗絲真的把它喝了，「小小
一口即充滿櫻桃派、鮮奶油、鳳梨、烤火雞以及耶誕大餐珍饈佳餚
的好滋味。」（路易斯‧卡羅〔Lewis Carroll〕，《愛麗絲夢遊仙境》
〔*Alice's Adventures in Wonderland*〕，1865年）喝一口，便享有維多
利亞時期美好童年的全部美食樂趣。

　　法語的「糖果」（bonbon）是由兩個相同音節所組成的兒語，
原指給孩童服用、裹上糖衣的藥物；一六○四年，年幼的路易十三
的御醫艾侯阿（Jean Héroard）在《日記》（1601－1628）裡首次使
用這個詞彙，利希雷（1680年）與弗荷帖（1690年）則完全把它
定位在兒童世界中，將之定義為兒語詞彙，意指給兒童吃的糖果。
自十七世紀末，糖果常和玩具搭擋，在舊制度最後一世紀中，糖
果變成小孩最期待收到的新年禮物之一。一七一五年英國人史賴
爾（Frederick Slare）不惜與詆毀糖果的群眾對立並為糖果辯護，
宣稱禁止孩童吃糖是非常殘酷的行為，甚至稱得上罪惡！盧梭則以
為評判一名孩童慈悲與否，並非以他能捐出的錢財而定，而是看

法語的「糖果」
（bonbon）是由兩
個相同音節所組
成的兒語，原指
給孩童服用、裹
上糖衣的藥物。

---

[3] 法文版一九九八年出版，台灣中文版二○○○年出版。
[4] 又譯為《糖果屋》。

他是否能施捨「珍愛的東西，譬如玩具、糖果、點心」（《愛彌爾》〔*Émile*〕，1761 年）。

由於能帶來莫大的本能歡愉，新生兒喜愛甜味是與生俱來的。母乳含有乳糖因此甘甜，而中世紀的醫師為了刺激幼兒的胃口，囑咐家長在幼兒嘴上塗抹蜂蜜。「應該把有益嬰孩健康的食物浸漬在糖裡，而把那些有害健康的食物醃得又酸又苦。」蒙田在《隨筆集》（1580－1588）中做出這個譬喻性的建議。確實，嬰孩天生厭惡強烈與苦澀的味道。在嬰孩斷奶期間，為了迫使嬰孩停止對乳房的依戀，現代醫生會建議母親或奶媽用蒜頭、蘆薈或芥末塗抹乳頭。而從喜愛甜味轉變成嗜吃鹹食這段期間也常被視為離開童年的時刻。弗荷帖在一六六六年的《布爾喬亞小說》裡寫道：

「他變得狡猾古怪，我們對他束手無策了，現在不能再用糖果和薑餅蛋糕取悅他，而必須藉助山鶉和蔬菜燉肉，我們也不能送他響具和玩偶，而得改送鑲滿鑽石的珠寶和鍍金銀板。」

除了響具和玩偶外，糖果和薑餅蛋糕也被用來做為童年的特徵

幼兒天生喜愛糖而且會本能地排斥苦味，這兩點在上個世紀都獲得科學證實，科學家並提出演化上的解釋：甜味傾向於揭露自然界中易於被人體吸收、能產生熱量的物質，而苦味則經常意味毒性。因此苦味跟酸味、辣味、嗆味或微腐野味[5]的味道一樣，都必

---

[5] 野味或其他肉品放置到微腐使其產生特殊香氣，是從前常用的調理手段。

須經過學習才能接受。法蘭索・布雪（François Boucher）在一七三九年畫作《早餐》（*Le Déjeuner*）裡描繪家庭生活情景時，即想表現味覺的練習這個主題：做母親的讓小孩習慣咖啡的苦味，藉此教導他咖啡的社交功能。

苦味跟酸味、辣味、嗆味或微腐野味的味道一樣，都必須經過學習才能接受。

　　無論是奶媽、女管家或為人母親，女人都不會對幼童嗜糖的現象感到陌生，起碼到七歲左右的懂事年紀，小孩都由女人照顧，而女人本身喜歡吃糖，因此無形中對幼童對糖的偏好有推波助瀾之效。亞伯拉罕・博斯有一幅描繪糕餅師傅工作室的版畫（1635年），附帶的詩文將這層關係描寫得淋漓盡致：

　　「太多美味的點心 / 這裡有精心調製的佳餚 / 為了取悅味蕾而販賣 / 各式各樣的產品……這家店有許多珍饈 / 千姿百媚地迷惑 / 許多女孩和小男孩 / 所有女傭和奶媽。」

　　也就是說，女傭和奶媽會討好孩童對甜食的喜好，夏多布里昂（Chateaubriand）在其一八二六年的《一生回憶錄》（*Mémoires de ma vie*）裡描寫他那位女管家拉維勒尼夫「偷偷（給我）所有她能找到的甜食」、「拚命讓（我）喝酒吃糖」。這種對甜食的共通嗜好意味的正是一種被歸諸於女人與幼童的共同弱點。

　　一五四二年，義大利哲學家皮科洛米尼（Alessandro Piccolomini）為一名剛生下男嬰的西恩納婦女哥倫碧妮（Landania Forteguerri Colombini）編寫一份有關高貴人一生的教育指南。他建議小孩到了五歲就該交給男性家庭教師照顧，因為後者能留意並更正小孩與生俱來的缺點，而暴飲暴食便是其中一項。唯有透過學習和男人的教育之手，幼童才能改掉貪食和嗜甜的天性。亨利四世

這種刻板印象經常被廣告片沿用：引導孩子學習乳酪或芥末這類陽剛滋味的，總是父親而非母親！

的追隨者喜歡散播一個傳說：還是幼童的亨利四世於加斯科尼受洗時，其父亞爾伯「拿蒜頭塗抹他的嘴唇，又讓他吸吮一滴紅酒⋯⋯好讓他的個性變得更陽剛更豪邁。」（佩黑菲克斯〔Hardouin de Péréfixe〕，《大亨利王的故事》〔*Histoire du Roi Henri le Grand*〕，1661年）時至二十一世紀初，這種刻板印象依然普遍，特別是經常被廣告片沿用：引導孩子學習乳酪或芥末這類陽剛滋味的，總是父親而非母親！

自十八世紀下半葉起，巧克力雖然沒有退出成人專屬的饗食世界，但它也開始變成孩童食用的甜品。可可被製做成甜點後打進孩童的美食園地，巧克力飲品則依然屬於成人世界。可可先是在南美，接著在非洲提高生產量，歐洲開始發展甜菜種植，工業化的生產和加工造成糖的供應量自十九世紀起大幅增加，價格自然也隨之降低，擴大甜點在西方世界的消費階層。十九世紀期間，英國每人每年吃掉的糖由九公斤增加到四十公斤，糖與巧克力不再是精英階級的專屬品，自十九世紀起，工業化國家開始出現廉價糖果。

到了二十世紀下半葉，兒童世界與甜點和色彩鮮豔的糖果之間的關係因為生日派對的全面普及而更加緊密；幾乎成為既定儀式的慶生會是孩童社交生活的關鍵時刻，這一天一定要吃生日蛋糕、各種糖果及喝甜味飲料，糖在孩子王的大日子裡無所不在。尤有甚者，壽星與受邀的小朋友有權狂吃糖果，家長則和顏悅色地縱容他們。

然而我們不應抱著小孩的貪饞只限於甜食這種時代倒錯的想法，別忘了，自中世紀至十七世紀，蔗糖既稀少又昂貴，古時的孩

美涅（Menier）巧克力廣告宣傳
海報・十九世紀末

童也愛吃偷來的水果，甚至在樹上就吃起來，他們也吃鹹的菜餚，麵包更是令他們垂涎三尺的食物。在一封註明一七〇〇年五月六日的信函上，路易十四的弟媳帕拉汀夫人（Madame Palatine）描寫一起發生在海德堡的童年回憶，那是一個有關鹹食的悲慘貪吃經驗，她偷吃的是一盤培根捲心菜：

「我才吃了三口，就聽到有人發射大炮，因為市區發生火災，而那一座大炮就在我房間窗戶下方的平台上……我害怕被人逮個正著，連忙將餐巾、餐盤和培根捲心菜統統丟出窗外。我沒有東西可擦嘴巴了，這時我聽見有人走在樓梯間，是我那身為選帝侯的父王，他想到我房間觀望哪裡失火，卻看到我的嘴巴和下巴很油膩，頓時破口大罵：『天啊，麗姿洛特，我以為妳在臉上塗油！』我回說：『我只是因為嘴巴乾裂而擦點乳膏。』爸爸說：『但妳滿臉髒兮兮的。』我哈哈大笑起來。拉羅格蕾夫也上樓來[6]，她穿過我女侍的房間，走出去時說道：『哎喲，女侍的房間都是培根捲心菜的味道呀！』父親看穿我的謊言，說道：『妳的護脣膏原來是這個玩意，麗姿洛特！』我看他心情大好，便告訴他真相。」

瑪德蓮[7]的奇妙滋味

有一個冬天晚上，在貢布雷，《追憶似水年華》（1913－1927）

---

[6] 帕拉汀夫人同父異母的妹妹。
[7] 一種由麵粉、砂糖、奶油、雞蛋、檸檬汁為原料烘培而成的圓形或橢圓形小蛋糕，相傳其創始人是個叫瑪德蓮的女廚子，故而得名。

敘事者的母親要他喝點熱茶暖和身體，並吃些瑪德蓮。他不假思索地舀起一小匙茶送到嘴邊，「就在這一匙混有蛋糕屑的熱茶碰到味蕾的一瞬間，我冷不防打了個顫，注意到自己身上正在發生奇異的變化。一種美妙的愉悅感襲捲了我，讓我忘卻周遭一切……」於是他回想起兒時的一段往事，憶起每個星期天早上望彌撒前，萊奧妮姑媽遞給他那塊浸過椴花茶的瑪德蓮的美好滋味（馬塞爾‧普魯斯特，《斯萬家那邊》〔*Du côté de chez Swann*〕，1913 年）。令人玩味的是，《追憶似水年華》充斥著各種普魯斯特式的回憶，但卻是這個小糕點的故事最為人熟知，顯見美食貪饞與童年之間的奧妙關係。透過大量文評的闡述，如今法文裡「瑪德蓮」（madeleine）一字經常被用來當作比喻，描述一種能讓愉悅的回憶重新浮現出來的奇妙感受。

對許多成人來說，帶著情感色彩的氣息、味道、質感從過去到現在一直扮演著「瑪德蓮」的角色。巴爾札克即運用這個意象向讀者解釋「夫栗浦」（frippe）的涵義：

「從塗抹在麵包片上的奶油（粗糙的『夫栗浦』）到頂級白桃果醬（最精緻的『夫栗浦』），任何在孩提時代曾經舔過『夫栗浦』然後把麵包擱在一旁的人都很能體會這個詞的真正意涵。」（《歐也尼‧葛朗台》〔*Eugénie Grandet*〕，1833 年）

今天在許多電影或書作中，例如黛安‧柯蕊（Diane Kurys）的《薄荷汽水》（*Diabolo Menthe*，1977 年），或卡德琳娜‧赫格納（Katharina Hagena）的《蘋果種子的滋味》（*The Taste of Apple Seeds*，2008 年），一些小小的動作，像是弄濕指尖把桌上的砂糖

粒或牛角麵包屑沾起來吃掉，都可以是小小的「瑪德蓮」，就像荷諾（Renaud）一九九一年電影《笨蛋星期天》（*Les Dimanches à la con*）裡那位四十歲的男人回想起小時候喜歡在自己那碟馬鈴薯泥裡造出一些「亂可愛的小火山」。

對於移民人口來說，無論是殖民時期的歐洲人——阿爾及利亞法國僑民的耶誕樹幹蛋糕、大英帝國的乾果布丁（亦習於在耶誕節時食用）——或遷徙至歐洲國家定居的人，我們注意到一個現象：

科樂（Kolher）巧克力廣告宣傳海報，二十世紀初。

這些移民會世世代代努力保存母國的菜餚與烹飪方法。這種味覺的傳承投射出某種已經被神話化的黃金童年，而透過母親或祖母的手藝，多少帶有幻想色彩的祖國記憶也油然而生。

二十一世紀的高級餐廳菜單與糕點烹飪書為成年人提供以古早風味的 Tagada 草莓糖、Carambar 巧克力棒、Chamallows 棉花糖、Nutella 巧克力醬……等原料調配製成的各種奶油乳霜、布丁、甘納許巧克力、馬卡龍等等，其實正是在刻意玩弄美食鄉愁的元素。男人不再抗拒童真的美食樂趣，也常吃原本是孩童專屬食物的糖果，而這種對兒童甜食的喜好究竟代表的是剛長大成人者難以脫離童真的生命階段，亦或是在英語世界文化模式的影響下人們的口味出現變化？無論如何，這種趨勢儼然公開宣揚成人貪饞行為的幼稚化，並因此造成 gourmandise（貪饞）一字繼續保留某種成分的貶義。

男人愛吃糖的現象雖在今天特別明顯，不過在比較古早的時代卻未必全然不存在。在十九世紀的文學作品中，喜歡吃糖果或喝熱巧克力的男性人物透露出缺乏男子氣概或不成熟的特質。三百年前，法蘭索瓦一世的御醫香皮耶（Bruyerin Champier）即已舉出絕佳例子，描寫有些宮廷男子在飲食上出現「退化」現象，以吃孩童食物為樂：「這些男子開始吃菜泥，我們有理由說他們重返童年時期，因為在我們這裡，兒童才吃這種食物。」（《食物》〔*De re cibaria*〕，1560 年）。以上兩種例子牽涉到的當然是男人，因為女人的口味被公認為天生接近小孩的喜好。

衛塞爾曼（Tom Wesselman），《靜物》，作品30號，一九六三年，紐約現代藝術博物館。

結論

為了你的健康，避免在正餐以外吃東西。為了你的健康，避免吃得太油太甜太鹹。為了你的健康，請定期做運動。為了你的健康，每天至少吃五種蔬果。

www.mangerbouger.fr（2010）

貪饞罪重返時代舞台

　　醫學界沉重的約束與道學主義的營養學論述再度大行其道，讓貪食罪以全新面目在這個社會登場，儘管基督教會的勢力很久以前便已走下坡。二十一世紀最初十年充分符合社會學家費席勒（Claude Fischler）於一九九〇年代觀察到的演變：「這個世紀末年，貪食罪比肉慾罪更容易被世俗化與醫學化。」營養醫師的處方以讓人產生強烈罪惡感的方式，延續貪饞行為不僅與身體作對也不利社會的概念，如此一來，貪饞被視為涵蓋社會、道德、心理等層面的弱點，貪饞的人則被視為潛在的營養小罪犯。「崩潰」、「脫軌」、「違反」這些意味缺乏意志力無法抵擋誘惑的用語，不僅指出其行為的錯誤，也表示它違反了業已成為一種典範的理想飲食方式：瘦身飲食法。

　　尤有甚者，營養學宣傳文字經常有點把民眾當無知兒童的傾向：我們擁有專業知識，我們將教導你們和你們的小孩正確攝取營養的方法。就連在不久前出版的《法語文化詞典》（*Dictionnaire culturel en langue française*）中也能找到這類論調的痕跡，以關鍵性的 gourmandise 一字為例，該詞典以一個例句說明此字作為具體名詞（即「美味小點」）時的複數用法：「硬塞給小孩子各種 gourmandises」——透過動詞「硬塞」和孩童的意象，這個句子把苗頭指向一個最經典的代罪羔羊：大人對小孩的教育失當。垃圾食物、零食、汽水、食品和飲料的自動販賣機、速食以及電視等等，也同樣受到營養學宣傳的譴責。

肥胖的人常被懷疑暴飲暴食，且在正餐之外吃零嘴，亦即不遵守西方社會規矩。反觀之，新式烹飪在一九七〇年代成為教條，影響所及，高級料理也學會在美食愉悅的追求中兼顧新的營養與美感考量，星級主廚米歇・蓋哈（Michel Guérard）的《瘦身高級料理》（*La Grande Cuisine minceur*）即為明證。精於辨賞又注重養生的新派美食饕家不再容易受中風所苦，不會紅光滿面、身材肥胖，懂得避免食用過於油膩難以消化的醬料。在當代西方社會裡，越弱勢、越貧窮、學歷越低的族群有越高比例的肥胖症人口，此現象在女性族群裡尤其明顯。這種情況儼然使法國舊制度時代美食者與暴食者之間的社會文化分割持續存在。貪饞依舊是階級的罪愆，不過不同於中世紀，肥胖症被普遍視為一種病理現象，與經濟不佳、教育程度低有關。身材太臃腫非但不是事業成功的徵兆，而且容易遭受社會排擠和職場歧視。

　　在許多世紀之間，由於物資缺乏，人們對美食的夢想都充滿油脂的滋味。然而對脂肪的高度文化評價在二十世紀期間消失不見，西方世界開始對脂肪深惡痛絕。由於變得富足，西方社會不再視肥胖為評判經濟與社會狀態是否良好的條件，甚至不惜曲解「豐滿」的原始詞義[1]，使之變得具有負面意味。脂肪被指控會危害健康，坊間開始出現膽固醇恐懼症，民眾致力對抗心血管疾病；而隨著身材纖細、腹部平坦成為強制性美學標準，油脂更被視為導致身體痴肥、有礙觀瞻的元凶。糖也被醫學界高度「妖魔化」，不僅自十九

---

[1]「豐滿」（embonpoint）原始的詞義是「狀態良好」，即身體健康、好氣色的樣子。

世紀起它便不再是身分地位的象徵，到了二十世紀，它原本有益健康、營養價值高、滋補強身的特質也受到質疑。

對膽固醇、糖尿病、體重過重、癌症、心血管疾病等的恐懼，促使三無食物（無鹽、無糖、無油）、清淡食物、機能性食品出現，特別是在英語圈的世界和北歐國家。不過健康的飲食真的能被化約為單純的營養問題嗎？美食樂趣不也是消費者心理愉悅的基本要素，且對人與人之間的來往至為重要？著名的「法式矛盾」顯然建立在餐飲情趣的基礎上，或許二十一世紀公共衛生計劃與營養學家的主要挑戰便在此：找到健康與樂趣兼顧的飲食計劃，藉此讓人們可以享受美食而不必有罪惡感。基於不甚愛人利他的理由，大型農產品加工集團的行銷部門倒也透過廣告公司的協助，試圖因應上述挑戰。

「超好吃，無恥呀！」

西方世界所有關於貪饞的想像都在二十世紀與二十一世紀被廣告公司重新詮釋，而且隨著一九六〇年代歐洲社會風俗大幅解放，廣告業者更能夠玩弄基督教舊有的原罪教義，特別是貪食－色慾這個拍檔。貪饞－誘惑乃至貪食－情色相互影射的關係甚至變成賣咖啡、巧克力、冰淇淋、優格……等眾多商品的老梗。

可可在被人類發現五百多年後，繼續傳遞色情、淫蕩、肉慾的想像，它是一種催情食物，如今依然令女人心蕩神馳。貪食對自願上鉤的成人消費者而言是一大賣點，許多廣告訊息即透過性來比喻

味覺歡愉，這種宣傳手法見證了性歡愉與味覺歡愉相互密切的文化關連，特別是基督教將飲食享樂罪惡化的傳統所遺留的心理因素。廣告影片大玩逾越禁忌的遊戲：「超好吃，但真無恥呀！」[2]甜點廣告的標語如是說；一位年輕女子則在舔食低脂白優格時，帶著曖昧口吻坦言「這樣簡直傷風敗俗」。廣告影片呈現美食帶來性高潮般的歡愉，但基本上都表現在女人身上，可見從古至今男性一直習慣把貪饞與性愛之間的曖昧關係歸諸於女性。

廣告公司極力強調能夠結合窈窕身材、身心愉悅與口腹之欲的「樂趣美食方案」，儼然宣告貪食罪的終結。因此，追求樂趣絕非壞事，最具顛覆性的廣告訊息甚至歌頌獨自享樂的快感。於是個人得以暫時從社會中遁脫，單獨享受美食之樂；一個人的享樂主義有助於個人回歸本源，身心達到平衡。不過，大部分的廣告宣傳仍把美食帶來的歡愉取決於家人親友之間的團聚、分享以及交談。

善於誇大食物之美味的廣告影片絕不會忽略兒童的世界，而兒童恰是消費社會的最佳獵物。兒童當然都有貪饞傾向，為了滿足這個小小罪惡可以不惜一切。小手指卡在果醬罐裡，小孩在雙親溫柔慈愛的眼神下支支吾吾撒謊，就像某廣告中那個嘴巴四周沾滿巧克力慕斯的小女童，明知不該「欺騙爸媽對自己的信任感」也忍不住要貪吃。可口的零食也被宣傳成一種獎賞、一種小孩與大人之間心照不宣的美妙時刻。廣告影片利用祖父或祖母的出現，試圖製造出童年時代美好滋味的懷舊氣氛，兩個世代的結合讓關於「瑪德蓮」

---

[2]此句原文「C'est bon, la honte」意指「真好吃，但這樣吃真無恥」，但也可以詮釋為「無恥這玩意兒真是好滋味」。

的回憶浮現出來，形塑某種美食認同的傳承。

　　在西方世界，隨著味覺遺產思維的出現，貪饞的概念產生最新一次的蛻變：味覺獲歸入文化遺產與技藝的範疇，並成為家族史、地方史乃至國家史的一部分。這也是為什麼廣告影片經常喜歡透過樂天快活的修士這種觀眾熟悉的形象推銷乳酪、啤酒以及利口酒這類產品[3]，儘管這些食品絕大部分跟現今的教士世界毫無關係，而只不過反映出今天的西方人是在透過胖教士與肥司鐸從遙遠的中世紀發掘根源的意象，構築關於美食的想像罷了。為了試圖在一個重新變得充滿敵意的環境裡尋求合法性，人類與生俱來的貪饞傾向或許真的在二十世紀結束之際，透過文化遺產的認定，成功找到了容身之地。

---

[3] 中世紀修道院經常自行製做這類產品販售，貼補運作及修繕經費。

跋

「我還想再吃一隻野豬⋯⋯」

《高盧英雄傳》（*Astérix le Gaulois*），一九六一年

　　這趟美食之旅恰好在法國史上最暢銷的系列漫畫《阿斯泰利克斯歷險記》（*Astérix*，1959年）誕生五十週年之際完成，況且，書中勇敢抵抗羅馬人的阿斯泰利克斯及其他英雄好漢們哪一次的冒險犯難不是以豪華饗宴劃下句點呢！這一系列由編劇戈西尼（Goscinny）與漫畫家烏德佐（Uderzo）聯袂打造的漫畫自一九六一年集成《高盧英雄傳》出版以來，每一集都少不了吃喝玩樂與大啖美食的場景。阿斯泰利克斯本身並不是精乖刁鑽的美食家，書中呈現的美食觀點也全無菁英分子的氣息；喜歡吃喝的主角們無論就本意或引申義而言，都是渾身「肉味」的簡單樂活族。這些倔強頑固的高盧人個個身材渾圓肥碩，性情天真爛漫，他們的歡樂好心情總是散發出一股熱騰騰的烤野豬和大麥啤酒的氣息。

　　一九六五年的《高盧走透透》（*Le Tour de Gaule*）以描寫地方特產如何被旅遊業發揮（開放參觀的酒窖、地方物產店、名產禮盒⋯⋯）自娛，大玩美食國度的形象（譬如著名的七號羅馬古道，在滿天星斗的夜空下舉行的最後饗宴⋯⋯[4]），這一系列漫畫其實呈

---

[4] 書中提到的七號羅馬古道連結盧古都嫩（Lugdunum，里昂在高盧羅馬時代的拉丁文名）與尼卡依（Nicae，即今日的尼斯），影射一九五〇到六〇年代開通、連結里昂與尼斯的七號高速公路（太陽高速公路）。那個年代的法國正值大眾旅遊業蓬勃發展時期，每逢暑期北部民眾蜂擁至南法蔚藍海岸度假，每每造成太陽高速公路嚴重塞車，而沿路各地也陸續發展出服務度假客的高級餐飲旅宿場所，其中不乏米其林星級餐廳。書中描述兩位主角從盧古都嫩經過壅塞的七號古道前往尼卡依大啖尼斯沙拉、在燦爛星空下享受夏日饗宴（一如梵谷名畫《星空下的咖啡館》描繪的情景），正是反映這個社會現象。

現出飲食在民族建構過程中擔任了認同與文化遺產的角色：面對羅馬人的入侵，最頑強的抵抗不就是到高盧各地進行美食趴趴走？而這種反抗形式不正也如書名所玩弄的文字遊戲，影射著法國最夯的體育盛事——環法自行車大賽（Le Tour de France）？一九七九年的《阿斯泰利克斯遊比利時》（Astérix chez les Belges）則把歷險背景拉到另一個美食極樂世界，向分量一向慷慨的比利時佳餚與醬料豐富多變的麵包片致意，而探險末了還是以美食饗宴劃下句點，令人不禁聯想起畫家布魯格爾的《農民的婚宴》（Repas de noces）。一九六六年的《阿斯泰利克斯遊布列塔尼亞》（Astérix chez les Bretons）則多次提及違反「豬」道的罪行：可憐的野豬被煮熟後淋上薄荷醬，再佐溫啤酒享用！作者在此操弄法國人對英國人根深蒂固的成見——不懂得吃；在這趟冒險中，布列塔尼亞人也對過於複雜、大量使用蒜頭的高盧菜充滿疑慮。《阿斯泰利克斯歷險記》大玩刻板印象的遊戲，甚至不惜自我戲謔，每一集漫畫都利用佳釀美饌做為一種認同的標記，並製造法國及國際讀者都能心領神會的笑料。

布希亞－薩瓦蘭將「gourmandise」（美食貪饞）定義為「最重要的社會連結之一，它會逐漸散播歡聚的精神，每天讓來自不同層級的人齊聚一堂，使他們凝結成一體，炒熱聊天氣氛，把銳角磨圓」，而這也正是《阿斯泰利克斯歷險記》最後一幅漫畫想傳達的訊息。無論這個村落的頑強居民之間有何紛爭，最後的筵席總能讓大家團結一氣，就像法蘭西第三共和國全盛時期全法國地方首長共襄盛舉的大饗宴[5]，而且值得一提的是，這些餐宴通常都使用圓形餐桌。奧貝利克斯這個「身材只是超微胖一點」[6]的高盧人傳奇性的

饕餮胃口通常沒什麼問題，但當他自顧自地大吃大喝起來，阿斯泰利克斯就有得氣了：「餓死鬼你就不能等一下再吞掉這些野豬嗎？」（《阿斯泰利克斯與羅馬特派員》〔*La Zizanie*〕，1970年）。奧貝利克斯單獨享用這道在這部作品中極具象徵意義的佳餚，導致這兩位朋友正式決裂。這個橋段代表的是西方漫長的美食歷史中對貪饞行為最普遍的譴責，亦即珍饈美饌不應單獨享用，獨享美食的饕客與開朗合群的樂活族在文化層面上是格格不入的。其實無論上流社會的文雅食趣或市井小民的低俗貪饞，正是同歡共享、樂於交流對談等特質為貪饞行為賦予了社會功能，使眾人得以融合在共同的價值體系中，貪饞也因而獲得了正當性。

從基督天意說、男性間的交誼需要、身分地位的表徵、女人與小孩不成熟所導致的貪食行為，而今成為揉合地方風土與料理技藝的珍貴文化資產，貪饞的樂趣一直需要找到某種能被社會接納甚至取得合法性的理由，一如阿斯泰利克斯及其夥伴的冒險犯難必定以熱鬧的歡宴作結。「我還想再吃一隻野豬……」，您呢？

---

[5] 一九〇〇年萬國博覽會期間舉行。
[6] 奧貝利克斯其實非常肥胖，卻戲稱自己「身材只是超微胖一點」或「稱不上瘦巴巴吧」。

參考書目

Baschet, Jérôme, les Justices de l'au-delà. Les représentations de l'enfer en France et en Italie (xiie-xve siècles), Rome, École Française de Rome, 1993.

Baudez, Hélène, le Goût, ce plaisir qu'on dit charnel dans la publicité alimentaire, Paris, L'Harmattan, 2006.

Becker, Karin, Der Gourmand, der Bourgeois und der Romancier : die fr anzösische Esskultur in Literatur und Gesellschaft des Bürgerlichen Zeitalters, Frankfurt am Main, Klostermann, 2000.

Capatti, Alberto et Montanari, Massimo, la Cuisine italienne. Histoire d'une culture, Paris, Le Seuil, 2002.

Casagrande, Carla et Vecchio, Silvana, Histoire des péchés capitaux au Moyen Âge, Paris, Aubier, 2002.

Charbonneau, Frédéric, l'École de la gourmandise de Louis XIV à la Révolution, Paris, Éditions Desjonquières, 2008.

Corbeau, Jean-Pierre (dir.), Nourrir de plaisir. Régression, transgression, transmission, régulation ?, Paris, Les Cahiers de l'Ocha n° 13, 2008.

Csergo, Julia (dir.), Trop gros ? L'obésité et ses représentations, Paris, Éditions Autrement, collection « mutations », n° 254, 2009.

Fischler, Claude, l'Homnivore, Paris, Odile Jacob, 1990.

Flandrin, Jean-Louis et Montanari, Massimo (dir.), Histoire de l'alimentation, Paris, Fayard, 1996.

Hache-Bissette, Françoise et Saillard, Denis (dir.), Gastronomie et identité culturelle fr ançaise, Paris, Nouveau Monde éditions, 2007.

Harwich, Nikita, Histoire du chocolat, Paris, Éditions Desjonquières, 1992, rééd. 2008.

Jeanneret, Michel, Des mets et des mots. Banquets et propos de table à la Renaissance, Paris, José Corti, 1987.

Mennell, Stephen, Français et Anglais à table du Moyen Âge à nos jours, Paris, Flammarion, 1987.

Meyzie, Philippe (dir.), la Gourmandise entre péché et plaisir, numéro spécial de la revue Lumières, n° 11 - 1er semestre 2008.

N'Diaye, Catherine (dir.), la Gourmandise, délices d'un péché, Paris, Éditions Autrement, collection « mutations/mangeurs », n° 140, 1993.

圖片版權

作　　者　弗羅杭・柯立葉（Florent Quellier）
譯　　者　陳蓁美、徐麗松
封面設計　許晉維
內頁排版　一瞬設計
總 編 輯　郭寶秀
責任編輯　李雅玲
協力編輯　陳俊丞
行銷企劃　許芷瑀

發 行 人　凃玉雲
出　　版　馬可孛羅文化
　　　　　104 台北市民生東路 2 段 141 號 5 樓
　　　　　電話：02-25007696

發　　行　英屬蓋曼群島商家庭傳媒股份有限公司城邦分公司
　　　　　台北市中山區民生東路二段 141 號 2 樓
　　　　　客服服務專線：(886)2-25007718; 25007719
　　　　　24 小時傳真專線：(886)2-25001990; 25001991
　　　　　服務時間：週一至週五 9:00 ～ 12:00；13:00 ～ 17:00
　　　　　劃撥帳號：19863813　戶名：書虫股份有限公司
　　　　　讀者服務信箱：service@readingclub.com.tw

香港發行所　城邦（香港）出版集團有限公司
　　　　　香港灣仔駱克道 193 號東超商業中心 1 樓
　　　　　電話：（852）25086231　傳真：（852）25789337
　　　　　E-mail：hkcite@biznetvigator.com

馬新發行所　城邦（馬新）出版集團
　　　　　Cite (M) Sdn. Bhd.(458372U)
　　　　　11 Jalan 30D/146, Desa Tasik, Sungai Besi,
　　　　　57000 Kuala Lumpur, Malaysia
　　　　　電話：（603）90563833　傳真：（603）90562833

輸出印刷　中原造像股份有限公司
初版一刷　2015 年 3 月
初版六刷　2020 年 7 月
定　　價　499 元（如有缺頁或破損請寄回更換）

版權所有　翻印必究

【Eureka 2069】ME2069

饞：貪吃的歷史

Gourmandise:
histoire d'un péché capital

國 家 圖 書 館 出 版 品 預 行 編 目 (CIP) 資 料

饞：貪吃的歷史 / 弗羅杭・柯立葉 (Florent Quellier)
; 陳蓁美、徐麗松譯 . -- 初版 . -- 臺北市：馬可孛羅
文化出版：家庭傳媒城邦分公司發行 , 2015.03
　面；　　公分 . -- (Eureka ; 2069)
譯自：Gourmandise : historie d'un peche capital
ISBN 978-986-5722-43-2(平裝)

1. 飲食風俗 2. 文化史 3. 歐洲

538.784　　　104001244